DER KLEINE GAVROCHE

Elf Jahre war der Junge, vielleicht auch zwölf. Man sah ihn durch Paris strolchen, immer die gleichen Straßen. Er trug eine Männerhose und die Unterjacke einer Frau. Irgendwelche Leute hatten ihm die Sachen aus Mitleid geschenkt. Und dennoch besaß der Junge Eltern. Aber sein Vater hatte ihn vergessen, und seine Mutter mochte ihn nicht leiden. Er war eines jener erbarmungswürdigen Kinder, die Vater und Mutter haben und trotzdem Waisen sind.

Der Junge fühlte sich nirgends so wohl wie auf der Gasse. Das Pflaster war weniger hart als das Herz seiner Mutter. Mit einem Fußtritt hatte sie ihn ins Leben hinausgestoßen, und da war er ganz einfach entflogen.

Der Junge war blaß, behend, machte genug Lärm und war ein rechter Possenreißer. Er ging und kam, sang, spielte Murmeln, kratzte in der Gosse, stahl, seinen Hunger zu stillen. Das winzigste Loch rettete ihn, er entwischte, weil er klein war. Nannte man ihn einen Schlingel, so lachte er wie alle Kinder, doch er wurde böse, wenn man ihn Taugenichts schalt. Er hatte kein Nachtlager, kein Brot, kein Feuer und fand keine Liebe; aber er war vergnügt, weil er frei war.

Indes so verlassen der Junge war, bisweilen, so alle zwei bis drei Monate, begegnete es ihm, daß er sich sagte: „Jetzt besuch ich die Mama!“

Dann lief er zu den Kais hinunter, überquerte die Brücken der Seine, entfernte sich vom belebten Zentrum der Stadt. Bald durcheilte er Straßen, die breiten Chausseen waren mit Fahrrinnen, aber bewachsen mit dichtem Gras. Straßen, nachts bedrohlicher als der Wald, bei Tag düsterer als ein Friedhof: Das Kind nahm sie im Lauf. Eine Pariser Vorstadt, verlorenes Land, in dem das Leben erstorben schien – bei Tag. Es war das alte Viertel um den Pferdemarkt, dessen Gebäude längst verfielen. Hier hauste das Elend.

Wenige Schritte, und der Junge war am Ziel. Zu seiner Rechten ließ er ein Gärtchen hinter hohem Gemäuer, dann eine Wiese, auf der Gerbereien standen, jede von ihnen einem gigantischen Biberbau ähnlich, dann einen umhegten Platz voller Balken, Bauklötze, Hobelspäne, auf dem ein großer Hund bellte. Dann eine lange, ganz eingestürzte Mauer mit einer schwarzen, verwahrlosten kleinen Tür, von Moos überwuchert, durch das im Frühjahr Blumen sprossen. Dann, inmitten der schlimmsten Wüstenei, ein scheußliches altersschwaches Gebäude, auf dem in riesigen Buchstaben zu lesen stand: „Plakate ankleben verboten".

Angekommen im Boulevard de l'Hôpital vor der Nummer 50/52, machte der Junge halt.

Dieses Haus, das, eingezwängt zwischen zwei langen, vermorschten Zäunen mit dem Giebel der Straße zugekehrt stand, sah auf den ersten Blick so klein wie eine Strohhütte aus, war aber in Wirklichkeit groß wie ein Dom. Ewig war es geschmückt mit dem Schild „Zimmer zu vermieten". Gegenwärtig diente es mehreren Individuen als Herberge, die voneinander kaum Notiz nahmen. Einer wie der andere besaßen sie nichts.

Das Kläglichste unter den Mietern war eine Familie

von vier Köpfen, die aus Vater, Mutter und zwei ziemlich großen Töchtern bestand und sich der Wirtin unter dem Namen Thénardier vorgestellt hatte. Alle vier hausten sie in einer einzigen Stube. Auf den ersten Blick gewahrte man an dieser Familie nichts Besonderes als ihre außerordentliche Armut.

Dies waren die Angehörigen des fröhlichen kleinen Barfüßers. Er kam und fand hier die Not und, was noch trüber ist, kein freundliches Gesicht, Kälte im Ofen und Kälte in den Herzen. Wenn er eintrat, fragte man ihn: „Wo kommst du her?“ Er antwortete: „Von der Straße.“ Wenn er ging, fragte man ihn: „Wo gehst du hin?“ Er antwortete: „Auf die Straße.“ Seine Mutter, die nur die Schwestern liebte, rief: „Was suchst du denn überhaupt bei uns?“

In einer so herzlosen Welt lebte das Kind wie die blassen Gräser, die in Kellern sprießen. Doch es grämte sich nicht, weil es nichts anderes kannte. Auf den Gassen – bald hätten wir's vergessen – hieß der Junge „der kleine Gavroche“.

DIE ENTDECKUNG

Es war eine pechschwarze Februarnacht. Gavroche, in seinen Lumpen schlotternd, marschierte durch die Gassen und sang aus Leibeskräften. An der Ecke des Boulevards de l'Hôpital stand eine alte Frau gebückt bei Laternenlicht und wühlte in einem Abfallhaufen. Der Junge rempelte sie an, sprang geschwind zurück und rief: „Ach, ich dachte, es wär ein Hund, ein riesengroßer!" Er sprach die Worte ein zweites Mal, grinsend dehnte er die Silben.

Mühsam richtete die Alte sich auf. „So ein Gerippe von einem Rotzbengel!" brummte sie. „Wenn ich dich kriege, ich weiß, wo ich dich reintrete!"

Gavroche, in sicherer Entfernung, lachte schallend. „Ksss! Kss! Habe ich mich also nicht geirrt!" rief er.

Vor Wut fuhr die Frau hoch. Das rötliche Licht der Laterne beleuchtete ein fahles, von Knoten und Runzeln durchfurchtes Gesicht mit Fältchen um die Mundwinkel. Ihr Körper stand im Dunkeln, man sah nur den Kopf – eine Maske der Abgelebtheit, herausgeschnitten aus der Nacht.

Der Junge betrachtete die Alte. „Gnädige Frau", sagte er, „Sie sind nicht so schön, daß Sie mir gefallen könnten."

Er schlenderte seines Weges und sang:

„Das war der König Klumpentritt,
der immerzu auf Stelzen ritt,
auch wenn er Raben jagte ..."

Nach drei weiteren Versen war Gavroche vor der Nummer 50/52 angelangt. Da er die Tür verschlossen fand, hämmerte er mit dem Fuß gegen das Holz mehrere Male in dröhnenden, heroischen Hieben seiner Mannesstiefel.

Indes war die Alte von der Ecke ihm laut schimpfend nachgelaufen. Der Junge sah, wie sie drohend die Fäuste schwang.

„Skandal!“ schrie sie. „Was ist denn los? Großer Gott, Türen eintreten, daß alles kracht!“

Gavroche ließ sich nicht beirren und hieb fleißig weiter gegen die Tür. Die Alte schrie sich die Lunge aus: „Ist das jetzt Mode? Willst du das Haus zusammenhauen? Pack dich!“

Plötzlich hielt sie inne. Sie hatte Gavroche erkannt.

„Was! Du Satan bist es?“

„Sieh da, hab die Ehre“, sagte der Junge. „Guten Abend, Madame Bougon. Ich besuche meine Eltern.“

Die Alte verzog das Gesicht zu einer abscheulichen Grimasse und zischte gehässig: „Niemand da, du Schandmaul!“

„Wo ist denn mein Vater?“

„In der Force, im Kittchen.“

„So, und meine Mutter?“

„In Saint-Lazare.“

„Und meine Schwestern?“

„In den Madelonnettes.“

Der Junge kratzte sich hinterm Ohr, sah Madame Bougon einen Augenblick schief an, schwang sich auf den Absätzen herum, und sogleich erscholl wieder die helle, junge Stimme. Unter den schwarzen Ulmen, die im Winterwind erschauerten, verklang sie:

„Das war der König Klumpentritt,
der immerzu auf Stelzen ritt,
auch wenn er Raben jagte;
wer drunterkroch, bekam zwei Sous,
der König lachte noch dazu.“

DER ÜBERFALL

Den ganzen Tag hatte der kleine Gavroche nichts gegessen. Er erinnerte sich, daß er auch am Tage vorher nicht gespeist hatte; die Sache wurde ihm schon langweilig. Er beschloß, nach etwas Genießbarem zu fahnden.

Scheinbar ziellos bummelte Gavroche durch Straßen und Gassen, bis er schließlich zu einer Ansiedlung kam, die er bei sich das Dorf Austerlitz nannte.

Den Platz hatte er kürzlich entdeckt. Es war ihm hier ein Garten aufgefallen, in dem ein alter Mann und eine alte Frau saßen, und in diesem Garten war ein Apfelbaum. Neben dem Apfelbaum stand ein schlecht gesichertes Bretterhäuschen, Kaninchenstall im niederen, Obstkammer im höheren Geschoß. Im Stall befanden sich keine Kaninchen, aber einige Äpfel im Obstbehälter – Rest des Wintervorrats. Ein Apfel ist ein Abendessen; ein Apfel ist das Leben! Was Adams Verderben war, konnte Gavroche retten. Der Garten stieß an ein einsames, ungepflastertes, mit Gestrüpp umrandetes Gäßchen. Eine Hecke trennte den Garten vom Gäßchen.

Gavroche fand den Garten in dem Gäßchen und erkannte den Apfelbaum. Er stellte fest, daß die Obstkammer noch an der gleichen Stelle stand, und musterte die Hecke. Eine Hecke ist da, daß man drüberklettert. Der Tag war im Sinken, nicht eine Katze im Gäßchen, die Stunde günstig. Gavroche begann die Kletterei, aber plötzlich stockte sein Fuß. Im Garten wurde geredet.

Gavroche lugte durch die Zweige. Auf der anderen Seite der Hecke, zwei Schritte von ihm entfernt, gerade dort, wo er gelandet wäre, lag ein Stein, der eine Art Bank bildete. Auf der Bank saß der alte Mann, dem der Garten gehörte, und vor ihm stand die Frau.

Die Alte schimpfte. Gavroche, der wenig diskret war, horchte.

„Herr Mabeuf!" sagte die Alte.

Mabeuf, dachte Gavroche (weil das nach „Büffel" klang), ein drolliger Name!

Der Greis rührte sich nicht.

Die Alte rief noch einmal: „Herr Mabeuf!"

Endlich entschloß sich der Greis zu antworten, starrte aber unentwegt weiter auf die Erde. „Was denn, Mutter Plutarch?"

Mutter Plutarch! dachte Gavroche, auch so ein drolliger Name!

Die Mutter Plutarch beharrte, so war der Alte genötigt, auf das Gespräch einzugehen.

„Der Hausherr ist ungehalten."

„Warum?"

„Wir sind ihm schon drei Vierteljahre die Miete schuldig geblieben."

„In drei Monaten werden wir für vier Quartale seine Schuldner sein."

„Er sagt, er wird uns rauswerfen."

„Dann gehe ich eben."

„Die Gemüsefrau verlangt, daß wir zahlen. Sie gibt uns auch kein Knüppelholz mehr. Womit werden Sie im Winter heizen? Wir haben kein Holz."

„Wir haben die Sonne.“

„Der Metzger verweigert uns den Kredit, er will kein Fleisch mehr geben!“

„Das ist mir sehr recht. Fleisch vertrage ich nicht gut. Es ist zu schwer für mich.“

„Was haben wir dann zu Mittag?“

„Brot.“

„Der Bäcker fordert eine Abschlagszahlung. Er sagt, ohne Geld kein Brot.“

„Recht so.“

„Was wollen Sie dann überhaupt essen?“

„Wir haben die Äpfel vom Baum.“

„Aber Herr, so ohne Geld können wir doch nicht leben!“

„Ich habe keins.“

Die Alte ging, der Greis blieb. Er geriet ins Träumen.

Auch Gavroche grübelte. Das erste Ergebnis von Gavroches Nachdenken war, daß er, statt die Hecke zu überklettern, sich unter sie kauerte. Das Gestrüpp gab nach und nahm ihn auf. Gavroche rief sich zu: das ist eine Schlafgelegenheit! und verkroch sich. Mit dem Rücken lehnte er an Vater Mabeufs Bank. Er hörte den alten Mann atmen.

Da er nichts zu essen hatte, versuchte Gavroche zu schlafen. Es war ein Katzenschlaf auf nur einem Auge. Noch im Einschlummern lauschte Gavroche. Die Weiße des Abendhimmels warf ihr fahles Licht auf die Erde. Das Gäßchen war eine blasse Linie zwischen zwei Reihen dunkler Büsche.

Plötzlich zeigten sich auf dem weißen Band zwei Silhouetten. Die eine ging voraus, die andere folgte in geringer Entfernung nach. „Da sind zwei", brummte Gavroche.

Die erste Silhouette schien ein alter, gebeugter, in Sinnen verlorener Bürger, der, mehr als einfach gekleidet, sich langsam unter den Sternen erging. Der zweite war von gerader, kräftiger und schlanker Gestalt. Sie paßte sich in ihren Schritten der ersten an. Jedoch trotz ihrer absichtlich langsamen Gangart erkannte man, daß sie geschmeidig und behend war. Irgendwie hatte sie etwas Wildes und Beunruhigendes und das Gebaren eines Stutzers. Der Hut war von guter Form, der Rock schwarz, gut geschnitten, wohl aus feinem Tuch und eng in der Taille. Der Kopf zeichnete sich mit kräftiger Anmut ab, und unter dem Hut sah man, undeutlich zwar in der Dämmerung, ein bleiches Jünglingsprofil mit einer Rose im Mund.

Diese zweite Gestalt war Gavroche vertraut. Es war Montparnasse.

Gavroche hatte einen vortrefflichen Ausguck, der zugleich ein nützlicher Schlupfwinkel war. Offenbar führte der zweite Passant etwas gegen den ersten im Schilde. Montparnasse auf der Jagd, zu dieser Stunde, an solchem Ort – das war gefährlich.

Der Junge empfand Mitleid mit dem Alten. Doch was sollte er tun? Sich einmengen? Mit seiner Schwäche einem anderen Schwachen zu Hilfe kommen? Gavroche verhehlte sich nicht, daß für Montparnasse, diesen furchtbaren Banditen von achtzehn Jahren, den er kannte aus dem Umgang seines Vaters, der Alte zuerst und dann er, das Kind, nur zwei Happen waren.

Indes noch Gavroche dies überdachte, vollzog sich der Angriff, jäh und abscheulich. Der Angriff des Tigers auf den wilden Esel, der Spinne auf die Mücke. Montparnasse schleuderte die Rose weg, stürzte sich auf den Alten, würgte ihn am Kragen, stieß ihn mit den Fäusten und umklammerte ihn.

Gavroche zwang sich, einen Aufschrei zu unterdrücken.

Im nächsten Moment lag einer der beiden niedergeschmettert unter dem anderen, ächzend, zappelnd, und ein Knie, hart wie Marmor, quetschte ihm die Brust. Dennoch war es nicht so geschehen, wie Gavroche erwartet hatte. Der am Boden lag, war Monparnasse, und der ihn überwältigt hatte, der Biedermann. Der Alte hatte den Schlag empfangen und so erschreckend rauh erwidert, daß im Handumdrehen Angreifer und Angegriffener die Rollen tauschten.

Ein strammer Greis! dachte Gavroche, und unwillkürlich klatschte er Beifall. Aber sein Klatschen weckte kein Echo. Es drang nicht ins Ohr der beiden Männer, die, taub gegen ihre Umwelt, keuchend und schnaufend gegeneinander rangen.

Es wurde still. Montparnasse zappelte nicht mehr. Ist er gar tot? dachte Gavroche für sich. Der stolze Montparnasse besiegt!

Der alte Mann hatte kein Wort und keinen Schrei hören lassen. Er erhob sich, und Gavroche hörte ihn zu Montparnasse sagen: „Komm hoch!“

Montparnasse wollte aufstehen, aber der Biedermann hielt ihn noch umklammert. Montparnasse duckte sich, gedemütigt und wütend wie der Wolf, den ein Hammel geschnappt hat. Gavroche beobachtete und lauschte; er spitzte die Ohren und schärfte die Augen, daß ihm ja nichts entginge. Denn Montparnasse besiegt zu sehen, belustigte ihn ungemein.

Für die ängstliche Gewissenhaftigkeit, mit der er Publikum spielte, wurde er belohnt. Er erhaschte jedes Wort des Gespräches, das sich nun entspann und dem die Finsternis einen seltsam tragischen Unterton verlieh.

Der Alte fragte, Montparnasse antwortete.

„Wie alt bist du?"

„Neunzehn."

„Du bist rüstig und gesund. Arbeitest du?"

„Das ödet mich an."

„Aber du hast doch einen Beruf?"

„Nichtstuer, Vagabund."

„Sprich ernsthaft! Kann man dir helfen?"

Schweigen.

„Was möchtest du sein?"

„Dieb."

Der Alte regte sich nicht und gab Montparnasse nicht frei. Hin und wieder schnellte der junge Bandit hoch, kraftvoll und gewandt, mit den Zuckungen eines im Eisen gefangenen Tieres. Er schüttelte sich, versuchte seinem Bezwinger ein Bein zu stellen, verrenkte die Glieder, plagte sich verzweifelt, zu entkommen.

Der Alte schien der Bemühungen des Jungen nicht

zu achten. Mit nur einer Hand hielt er dessen beide Arme gefesselt, in der überlegenen Gleichgültigkeit der unbedingten Stärke. Er schien in Gedanken während längerer Zeit. Dann sah er Montparnasse in die Augen, und milden, wenn auch bestimmten Tones begann er eine feierliche Ansprache an sein Opfer, von der sich Gavroche keine Silbe entgehen ließ. In der Tat war sie merkwürdig, diese Rede, wenn auch gewiß verschwendet an Montparnasse. Gavroche aber interessierten die Worte des Alten, zumal er Ähnliches nie hörte bis zu diesem Tag.

„Mein Kind", sagte der Mann zu Montparnasse, „mir scheint, allzuwenig nachgedacht hast du über dein Tun. Ohne es zu wollen, bereitest du dich vor auf das arbeitsamste Leben, das es gibt. Oh, du verkündest, du seiest ein Nichtstuer, und glaubst, es ginge ewig so weiter?

Weißt du, was ein Walzwerk ist? Das ist eine tückische, grausame Maschine. Wenn sie einen Menschen am Rockschoß erfaßt, schluckt sie ihn ganz. Genauso eine Maschine ist die Faulheit. Darum streife sie ab, die Faulheit, solange es nicht zu spät ist, und bringe dich in Sicherheit. Verdiene dir dein Leben, übe einen Beruf aus, erfülle eine Pflicht.

Du willst nicht? Wie die meisten leben, es langweilt dich? Jeder muß arbeiten. Tust du's nicht, so zwingen sie dich eines Tages, wenn du ins Netz geraten bist – und sie kriegen dich, wie ich dich heute gekriegt habe. Dann aber wird dir die Arbeit zur Folter. Wenn der freie Mensch singt, wirst du röcheln. Von weitem, von tief unten her, wirst du die anderen arbeiten sehen, und dir wird sein, als ruhten sie aus. Der Ackersmann, der Schnitter, der Matrose, der Schmied werden dir in einem Lichtkranz wie die Seligen des Paradieses erscheinen. Wie umstrahlt es den Amboß! Den Pflug führen, die Garbe binden, welche Freude! Ein Boot, frei im Wind, welch ein Fest! Du, der du faul warst, schanze, schleppe, rolle Lasten, marschiere mit der Kette am Bein!

Nichtstun war dein Ziel. In der Falle dann, in die dich deine Faulheit trieb, gibt es keine Woche, keinen Tag, keine Stunde, wo du nicht Strapazen erleiden mußt. Jede Minute, die du erlebst, werden deine Muskeln angespannt sein.

Der freie Mensch, will er hinaus auf die Straße, braucht nur die Tür zu öffnen. Du aber wirst eine Mauer durchbohren müssen. Es gibt auch keine Treppe für dich. Du wirst dein Bettuch Faser um Faser zerrupfen, einen Strick daraus drehen, wirst durch das Fenster schlüpfen und an dem Strick über dem Abgrund hängen in der Nacht, im Unwetter, im Regen, im Sturm. Und wenn er zu kurz ist, wirst du nicht anders hinabkönnen, als daß du dich fallen läßt ins Bodenlose. Auf das, was drunten ist, das Ungewisse, Unbekannte. Oder du wirst durch ein Kaminrohr klimmen, in Gefahr, dich zu verbrennen, oder durch eine Latrinenleitung kriechen, in Gefahr, daß du ertrinkst.

Ich rede nicht von den Löchern, die du verbergen mußt vor den Augen der Wächter, von den Steinen, die du zwanzigmal täglich wirst lockern und wieder befestigen, von dem Gipsschutt, den du im Schlafsack aufzubewahren gezwungen sein wirst.

Jeder Bürger besitzt einen Schlüssel, den der Schlosser gemacht hat. Du aber wirst, um hinauszukommen, verurteilt sein, einen fürchterlichen Mechanismus anzufertigen: einen Doppelsou aushöhlen und eine Uhrfeder darin anbringen, die dir als Säge dient. Mit dieser Säge, die kleiner ist als ein Fingernagel, mußt du den Riegel zerschneiden, das Vorlegeschloß, die Stange vor deinem Fenster und den Ring an deinem Bein.

Und was harrt deiner, wenn dir diese Wunderleistung glückt? Wieder der Kerker, die Einzelzelle. Sie fangen dich, den entlaufenen Häftling, der keine Papiere besitzt, das ist gewiß. Dann wirst du nur Wasser bekommen und schwarzes Brot, auf einer harten Pritsche wirst du schlafen, um den Leib die eiserne Kette, die dir dein Fleisch aufscheuert!

Du sprengst die Kette und fliehst. Du rutschst auf dem Bauch durch das Gestrüpp und frißt Gras wie die Tiere des Waldes. Und wirst wieder eingefangen. Jahre wirst du in einem unterirdischen Verlies zubringen, an ein Gemäuer geschmiedet, wirst nach dem Kruge tasten, wenn du trinken willst, wirst in der Finsternis ein gräßliches Brot kauen, und du wirst dich von Bohnen nähren, die vor dir die Würmer zernagt haben. Du wirst sein wie eine Assel im Keller.

Weiches, schwarzes Tuch begehrst du, Lackschuhe, willst dir die Haare kräuseln, in die Locken duftendes Öl schmieren, den Mädchen gefallen, hübsch sein. Man wird dich kahl scheren und dir eine rote Jacke geben und Holzpantinen. Du willst einen Ring am Finger tragen und kriegst einen aus Eisen um den Hals. Und wenn du nach einem Weib siehst, wirst du geprügelt werden. Mit zwanzig Jahren wirst du eintreten und mit fünfzig wieder herauskommen. Bei deinem Eintritt warst du rosig, jung, frisch, mit glänzenden Augen und allen deinen weißen Zähnen und deiner schönen Jünglingsmähne. Gebrochen, gekrümmt, runzlig, zahnlos, schauerlich anzusehen, mit weißem Haar kehrst du zurück. Glaube mir: Gauner sein ist unbequem. Es ist leichter, ein anständiger Mensch zu werden.

Geh jetzt und überlege, was ich dir gesagt habe. Ich rate dir gut, kehr um! Übrigens, was wolltest du von mir? Die Börse? Da ist sie!"

Und der Alte ließ Montparnasse los und gab ihm die Börse.

Montparnasse wog sie eine Sekunde lang in der Hand, dann schob er sie mit der gleichen mechanischen Bewegung, als hätte er sie gestohlen, in die Tasche. Der Biedermann wandte sich von ihm ab und setzte gemessenen Schrittes seinen Spaziergang fort.

„Trottel!" murmelte Montparnasse und starrte dem Manne nach, wie er in der Dämmerung verschwand.

Diesen Moment nützte Gavroche. Wie unter Zwang schlich er heran. Mit einem Seitenblick hatte er sich vergewissert, daß Vater Mabeuf, der wohl ein Nickerchen tat, noch auf der Bank saß. Der Schlingel näherte sich lautlos dem Banditen, welcher unbeweglich stand, ließ behutsam seine Hand in die Gesäßtasche des Rockes von feinem schwarzem Tuch gleiten, bemächtigte sich der Börse und floh, in die Finsternis zurückschlüpfend wie eine Schlange.

Montparnasse, der vielleicht das erstemal in seinem Leben nachdachte, merkte nichts. Gavroche, wieder am Garten, warf die Börse über die Hecke und stob aus Leibeskräften davon.

Die Börse fiel Vater Mabeuf vor die Füße nieder. Das Scheppern des Geldes weckte ihn. Er bückte sich und hob das Täschchen auf. Überrascht öffnete er es. Es war eine Börse mit zwei Fächern. In dem einen befand sich Kleingeld, im zweiten steckten sechs Napoleons.

Herr Mabeuf brachte den Fund ratlos seiner Wirtschafterin. „Das ist uns vom Himmel herabgefallen", seufzte Mutter Plutarch.

DIE FAMILIE THÉNARDIER

Das Ehepaar Thénardier besaß fünf Kinder. Außer den beiden halbwüchsigen Töchtern und Gavroche waren da noch zwei jüngere Brüder. So hätte die Familie, wäre sie je vollständig beieinander gewesen, sieben Köpfe gezählt. Das war viel für arme Leute.

Der beiden letzten Kinder hatten sich die Eltern unter besonders glücklichen Umständen entledigen können, als sie noch ganz klein waren. Entledigen ist das richtige Wort. Aber um es zu verstehen, muß man sich Frau Thénardier, die Mutter der fünf Kinder, vorstellen. Sie war ein dumpfer Mensch, liebte nur sich selbst, ihren Mann und ihre Mädchen, die niedliche Dinger gewesen waren in jener fernen Zeit, als die Familie noch in bescheidener Wohlhabenheit lebte aus den Einkünften einer Schenke, die sie in der Provinz betrieben. Alle anderen Menschen haßte die Frau mit einem schlechthin unverständlichen Haß. Dieser Haß setzte bereits ein bei ihren Söhnen, die sie mit unheimlicher Schroffheit behandelte. Sie schickte, wie wir sahen, ihren ältesten Sohn auf die Straße, daß er umkomme oder sich allein weiterhelfe. Anteil nahm sie nicht an seinem Geschick. Die beiden kleinen verfluchte sie. „Ich kann das Kindermiauen nicht leiden", sagte die Mutter.

Als die Thénardiers sich von den beiden jüngsten Kindern trennten, hatten sie sogar noch ihren Vorteil davon. Es gab da in ihrer Bekanntschaft eine Frau Magnon, die war unverheiratet und brachte es fertig, den Vater ihrer beiden ledigen Kinder für das Stillschweigen, das sie bewahrte, zu schröpfen. Als eine Seuche in Paris ausbrach, waren die beiden noch sehr kleinen Jungen der Magnon unter den ersten Opfern; den einen verlor die Frau morgens, den zweiten abends, beide am selben Tage. Das war ein Schlag. Die Kinder waren für ihre Mutter ein Wert; sie bedeuteten achtzig Francs Einkommen monatlich. Diese achtzig Francs wurden im Namen des Herrn Gillenormand – so hieß der Vater – durch seinen Renteneinnehmer, einen Herrn Barge, immer pünktlich gezahlt. Mit dem Tode der Kinder war dieses Einkommen futsch. Die Magnon suchte einen Ausweg. Das lichtscheue Gesindel von Paris, Gesellschaft und Umgang der Magnon, stand gegen die Außenwelt fest zusammen; man wahrte das Geheimnis und war einander behilflich. Zwei Kinder brauchte die Magnon, zwei wollten die Thénardiers loswerden, Kinder desselben Geschlechts und gleichen Alters. Eine gute Regelung für jene, eine günstige Lösung für diese: Aus den kleinen Thénardiers wurden die kleinen Magnons.

Die Magnon wechselte alsbald ihre Wohnung. Das Standesamt, das nichts ahnen konnte, protestierte nicht. Nur forderten die Thénardiers dafür, daß sie ihre Kinder ausliehen, monatlich zehn Francs – eine Summe, die die Magnon versprach und sogar entrichtete; denn natürlich zahlte Herr Gillenormand nach wie vor seiner Gläubigerin. Jedes halbe Jahr besuchte der Vater die Kinder. Die Veränderung fiel ihm nicht auf. „Wie sie Ihnen ähnlich sind!" sagte die Magnon.

Thénardiers beide Töchter und Gavroche hatten kaum bemerkt, daß sie zwei kleine Brüder besaßen. Auf einer bestimmten Stufe des Elends wird der Mensch von einer gespenstischen Gleichgültigkeit erfaßt, in der ihm die anderen wie Larven erscheinen. Die Allernächsten sind nur vage Schatten, die sich von dem nebligen Hintergrund des Lebens schwach abheben und mit dem Unsichtbaren leicht wieder vermischen.

Am Abend des Tages, an dem sie ihre beiden Kleinen der Magnon gegeben hatte mit der unzweifelhaften Absicht, für immer auf sie zu verzichten, hegte die Thénardier ernsthaft oder nur zum Schein Gewissensbedenken.

„Wie darf man", sagte sie zu ihrem Gatten, „seine Kinder aussetzen!"

Thénardier, der schlau wie ein Advokat war und übrigens von dem Geschehenen ungerührt, verätzte diese Gewissenswunde mit den Worten: „Jean-Jacques Rousseau ist noch weiter gegangen."

Aber dann fragte die Mutter besorgt: „Kann uns die Polizei nicht schikanieren? Sag mal, ist denn erlaubt, was wir gemacht haben?"

Thénardier entgegnete: „Niemand wird darin einen Makel sehen. Übrigens hat bei Kindern, die keinen Pfennig besitzen, niemand ein Interesse, allzu scharf nachzuprüfen."

Die Magnon war eine Verbrecherin, die sich putzte und drehte, die gern wie eine Dame wirken wollte. Ihre protzig und scheußlich möblierte Wohnung teilte sie mit einer gerissenen Diebin, die „Mamsell Miß" genannt wurde.

Doch die beiden kleinen Thénardiers, die jetzt Magnon hießen, konnten sich nicht beklagen. Die achtzig Francs bewirkten, daß sie geschont wurden wie alles, woraus sich Geld machen läßt. Sie wurden nicht schlecht gekleidet und nicht schlecht genährt. Sie wurden behandelt fast wie Herrschaftskinder; bei ihrer falschen Mutter hatten sie es besser als bei der echten. Auch vermied die Magnon, wenn sie zugegen waren, die Redensarten der Straße. Plötzlich aber wurden die beiden armen Kinder, die, seit ihre Eltern sie verkauft hatten, ziemlich beschützt aufgewachsen waren, ins Leben hinausgestoßen und gezwungen, sich allein fortzubringen.

Oft bewirkt die Verhaftung eines Verbrecherringes eine wahre Katastrophe in der gesamten Unterwelt. Haussuchungen bei anderen Verdächtigen und Überweisungen ins Gefängnis folgen. Die Verhaftung der

Thénardiers brachte Unangenehmes auch für die Magnon.

Überraschend kam die Polizei in die Straße, wo die Magnon wohnte. Die Magnon wurde verhaftet und ebenso Mamsell Miß – das ganze saubere Häuschen wurde ausgekämmt. Die Jungen spielten in einem Hinterhof und merkten nichts von den Vorgängen. Als sie heimkamen, fanden sie das Haus leer, die Tür verschlossen. Ein Schuhflicker, dessen Bude gegenüberlag, rief sie zu sich und gab ihnen einen Zettel, den die „Mutter" für sie hinterlassen hatte. Darauf stand eine Adresse, die des Herrn Barge. Der Schuhflicker sagte zu den Kindern: „Ihr wohnt nicht mehr hier. Geht zu diesem Herrn. Die erste Straße links. Fragt euch nach dem Papier durch."

Die Jungen gingen, der ältere führte den jüngeren und hielt in seiner Hand den Zettel, nach dem sie ihren Weg suchen sollten. Seine steifen kleinen Finger konnten das Papier nur schlecht festhalten. An der Straßenkrümmung blies der Wind es ihm fort, und da die Nacht sank, konnte der Junge das Papier nicht wiederfinden.

Ziellos durchirrten sie die Straßen.

DER GROSSE ELEFANT

Im Frühling weht in Paris oft schneidender und harter Wind aus Nordost. Er macht die Menschen frösteln, vergällt die Freude am schönsten Sonnenschein. Er gleicht dem Luftzug, der unvermutet durch die Spalten eines schief zugeriegelten Fensters, einer lässig versperrten Tür in ein warmes Zimmer eindringt. Noch klafft die finstere Tür des Winters.

Im Frühling des Jahres 1832, da sich die Geschichte, die wir hier erzählen, die Geschichte des kleinen Gavroche und seiner Brüder, begab, raste die erste große Epidemie des Jahrhunderts durch Europa, und die Nordoststürme hatten schneidender und beklemmender nicht getobt seit Menschengedenken. Eine Tür, eisiger als die des Winters, hatte sich geöffnet. Es war die Tür zum Grab. Der Sturm führte den Hauch der Cholera mit sich.

In dieser Zeit entluden sich auch häufig Gewitter, die mit Blitzen und Donner einhergingen. Eines Abends schnob der Wind derart heftig, daß man meinen konnte, der Januar kehre zurück. Die Bürger griffen zu ihren Mänteln. Den kleinen Gavroche aber finden wir, in seinen Lumpen schlotternd, verklärt vor dem Laden eines Perückenmachers. Um Hals und Brust hatte er einen wollenen Frauenschal geschlungen, der auch die Nase wärmte. Gavroche schien eine Ausstellungspuppe zu bewundern, eine Braut aus Wachs, dic sich, dekolletiert und das Haar geschmückt mit einem Kranz von Orangenblüten, hinter der Scheibe drehte und den Passanten ihr Lächeln darbot. In Wirklichkeit beobachtete er die Vorgänge im Innern des Ladens, ob sich nicht unbemerkt ein Block Seife aus dem Schaufenster entwenden ließe, den er dann für einen Sou an einen Friseur weiter draußen verkaufen konnte. Oft hatte er sein Essen von so einem Stück Seife. Barbiere einseifen nannte er diese Art Broterwerb, für die er begabt war.

Während er die Wachsbraut betrachtete und nach der Seife blinzelte, murmelte er zwischen den Zähnen: „Dienstag. Nein, nicht Dienstag. Oder doch Dienstag? Vielleicht Dienstag. Ja, Dienstag.“ Wenn sich sein Selbstgespräch etwa darauf bezog, wann er zum letztenmal zu Mittag gespeist hatte, so stimmte das Ergebnis; und heute war Freitag.

Der Besitzer des Ladens, Barbier und Perückenmacher in einem, rasierte in seiner von einem guten Ofen geheizten Stube einen Kunden. Von Zeit zu Zeit warf er aus den Augenwinkeln einen Blick auf den verfrorenen, unverschämten Gassenjungen, der, beide Hände in den Taschen und pfiffig blinzelnd, draußen herumlungerte.

Noch stand Gavroche im Überlegen, die Neuvermählte, die Auslage und die Toilettenseife musternd, als zwei Jungen, ziemlich sauber angezogen, der eine vielleicht sieben, der andere fünf Jahre, schüchtern den Türknopf drehten und den Laden betraten. Mit klagendem Gemurmel baten sie um irgend etwas, vielleicht um ein Almosen; aber es klang mehr nach einem Seufzer als nach einer Bitte. Sie sprachen durcheinander, und ihre Worten waren unverständlich, weil Schluchzen die Stimme des Jüngeren erstickte und dem Älteren vor Kälte die Zähne klapperten.

Der Barbier wandte sich wütend um, und ohne sein Rasiermesser loszulassen, drängte er den größeren Jungen mit der Hand und den kleinen mit dem Knie weg, stieß sie auf die Straße zurück und sperrte die Tür wieder zu. „Die Kälte reinbringen und für nichts!" schimpfte er.

Der Himmel hatte sich mit Wolken überzogen, es fing an zu gießen. Die beiden Kinder setzten weinend ihren Weg fort.

Gavroche lief ihnen nach und fragte: „Was ist denn mit euch, ihr Rotzbengel?"

„Wir wissen nicht, wo wir ein Bett finden sollen", antwortete der Ältere.

„So?" sagte Gavroche ein wenig verächtlich und überlegen. „Das ist allerdings wichtig. Flennt nicht, ihr dummen Affen!" Und indem er einen Ton zärtlicher Autorität und wohlwollender Gönnerschaft anschlug, befahl er ihnen: „Kommt mit, Murkse!"

„Ja, mein Herr", sagte der Ältere. Und die beiden Kinder folgten ihm ehrfürchtig, als wäre Gavroche ein Erzbischof. Nun weinten sie auch nicht mehr.

Gavroche führte sie in Richtung der Bastille. Er drehte sich noch einmal um und warf einen entrüsteten Blick auf die Bude des Barbiers. „So was hat kein Herz, das ist ein Fisch", brummte er empört.

Ein Straßenmädchen, das die drei mit Gavroche an der Spitze aufmarschieren sah, lachte wie besessen. Das Gelächter bezeugte Mangel an Respekt vor der kleinen Gesellschaft. „Guten Tag, mein schönstes Fräulein", sagte Gavroche zu ihr.

Im selben Moment besann er sich wieder auf den Barbier. „Ich habe mich", ergänzte er, „in dem Tier geirrt. Das ist kein Fisch, das ist eine Schlange. Perükkenmacher, ich hole einen Klempner, ich lasse dir eine Klingel an den Steiß hängen."

Der Barbier hatte zum Kampf herausgefordert. Den nächsten Menschen, auf den sie trafen, rempelte Gavroche an. Es war eine bärtige Portierfrau, die als Zeichen ihres Berufes einen Besen in der Hand hielt und dem Aussehen nach würdig gewesen wäre, mit Faust auf dem Brocken zusammenzutreffen. „Madame", sagte er, „das ist wohl Ihr Roß, wohin geht der Ritt?"

Dem nächsten bespritzte Gavroche die Lackschuhe.

„Lümmel!" schrie der Passant.

Gavroche hob die Nase über den Rand seines Schals. „Hat der Herr sich zu beklagen?"

„Über dich!" sagte der Passant.

„Das Büro ist geschlossen", erwiderte Gavroche, „nach fünf Uhr nehme ich keine Klagen mehr an."

Ein Stück weiter gewahrte er in einem Torweg eine Bettlerin von dreizehn oder vierzehn Jahren, die erbärmlich fror und einen so kurzen Rock anhatte, daß man ihre Knie sah. Das Wachstum ist arglistig. Die Kleider werden gerade in dem Moment zu knapp, wo die Blöße unpassend wirkt. Und dieses Ding, das sah man, konnte sich kein neues Kleid leisten.

„Armes Mädchen", sagte Gavroche, „hat nicht mal eine Hose. Da, nimm das hier." Und er knotete die gute Wolle auf, die seinen Hals umhüllte, legte sie um die mageren Schultern der Bettlerin. So verwandelte sich sein Nasenwärmer wieder in einen Frauenschal.

Die Kleine schaute ihn verdutzt an und ließ sich schweigend den Schal schenken. „Brr!" machte

Gavroche, und ihn fröstelte mehr als den heiligen Martin, der wenigstens die Hälfte seines Mantels für sich gerettet hatte.

Mit verstärkter Gewalt tobte der Platzregen. Ein böser Himmel strafte die gute Tat. „Ach“, schrie Gavroche, „was soll das heißen? Herrgott, wenn du nicht aufhörst, kündige ich mein Abonnement!“ Er ging weiter. „Egal“, sagte er und warf einen Blick auf die Bettlerin, die sich unter seinem Schal zusammenduckte. „Großartig eingepuppt ist die jetzt!“ Er spähte nach der Wolke. „Hat uns schon erwischt!“

Die beiden Kleinen trotteten hinter ihm drein. Als sie an einem dichtvergitterten Bäckerladen vorüberkamen – Gold wie Brot, man verwahrt es gut hinter Eisenstäben – wandte Gavroche sich um.

„Sagt mal, Murkse, haben wir gegessen?“

„Mein Herr“, antwortete der Ältere, „seit heute morgen haben wir nichts gegessen.“

„Dann habt ihr keinen Vater und keine Mutter?“ forschte Gavroche von oben herab.

„Entschuldigen Sie, mein Herr, wir haben einen Papa und eine Mama, aber wir wissen nicht, wo sie sind.“

„Manchmal ist das besser, als wenn man es weiß“, sagte Gavroche überlegen.

„Seit zwei Stunden“, versicherte der Ältere, „laufen wir herum. An den Ecksteinen haben wir nach Abfällen gesucht und nichts gefunden.“

„Ich weiß“, sagte Gavroche, „die Hunde fressen alles weg.“ Er schwieg ein Weilchen, dann fuhr er fort: „Wir haben unsere Eltern verloren ... Wir wissen nicht, was aus ihnen geworden ist... Stellt euch nicht an! Man darf eben bejahrte Leute nicht aus den Augen lassen."

Der ältere Knirps, der seine kindliche Sorglosigkeit rasch wiedererlangt hatte, bemerkte: „Seltsam ist all dies doch, wo Mama versprochen hatte, uns geweihten Buchsbaum für Palmsonntag zu kaufen."

„So, so", sagte Gavroche.

„Mama", beteuerte der Ältere, „ist eine Dame und hat eine Wohnung zusammen mit Mamsell Miß."

„Ei, ei", sagte Gavroche zerstreut.

Sie standen vor dem Bäckerladen, und seit mehreren Minuten betastete und durchwühlte Gavroche alle Verstecke, die es in seinen Lumpen gab. Endlich hob er den Kopf mit einer Miene, die Genugtuung bezeugen sollte, aber in Wirklichkeit voller Triumph war. „Beruhigt euch, Murkse! Hier ist das Geld für unser Abendbrot, für alle drei." Und er zog einen Sou aus der Tasche.

Kaum daß er den beiden Kleinen die Zeit gönnte, ihn gaffend anzustaunen, stieß er sie vor sich her in den Bäckerladen, legte seinen Sou auf den Zahltisch und rief: „Sie, Bursche, für fünf Centimes Brot!"

Der Bäcker, der Meister persönlich, nahm ein Brot und ein Messer.

„In drei Stücken!" forderte Gavroche und fügte selbstbewußt hinzu: „Wir sind zu dritt." Wie er aber sah, daß der Bäcker ein Schwarzbrot nahm, versenkte er einen Finger in die Tiefe der Nase und zog so gebieterisch Luft ein, als hätte er eine Prise Schnupftabak auf dem Daumen. Dann schleuderte er dem Bäcker die empörte Frage mitten ins Gesicht: „Wassendas?"

Der Bäcker begriff vollkommen, was Gavroche nuschelte, und antwortete: „Na, Brot, sehr gutes Brot zweiter Qualität."

„Also ganz ordinäres Brot", versetzte Gavroche gelassen und mit kalter Geringschätzung. „Weißbrot, Bursche! Ich halte die Herren frei."

Der Bäcker konnte ein Lächeln nicht unterdrücken, und indes er Weißbrot abschnitt, sah er sie mitleidig an, was Gavroche ärgerte.

„Sagen Sie, Bäckerjunge, was gucken Sie so von oben herab?" redete er den Meister unverschämt an.

Der Bäcker kassierte seinen Sou, und Gavroche befahl den Kleinen: „Futtert!"

Die beiden starrten ihn sprachlos an.

Gavroche lachte. „Ach, richtig! Ihr seid ja noch so dumm, ihr seid ja noch so winzig!" Er wiederholte: „Aufessen!" und hielt jedem ein Stück Brot hin. Und da er dachte, der Ältere, der ihm ein halbwegs mündiger Gesprächspartner schien, müsse besonders ermutigt werden, und es sei angebracht, ihm über jedes Zaudern hinwegzuhelfen, gab er ihm den größten Teil mit den Worten: „Schieb dir das in die Luke!" Das kleinste Stück behielt er für sich.

Die armen Kinder und Gavroche waren ausgehungert. Sie schlangen das Brot hinunter und versperrten den Laden des Bäckers, der nun, da er sein Geld hatte, ihnen wieder gutgelaunt zusah.

„Kommt, wir gehen auf die Straße", sagte Gavroche, als sie fertig waren.

Sie verfolgten weiter den Weg nach der Bastille. Ab

und zu, wenn sie vor erleuchtete Auslagen kamen, blieb der Kleine stehen, um von der Bleiuhr, die an einer Schnur um seinen Hals hing, die Zeit abzulesen. „Angeber“, sagte Gavroche. Und nachdenklich murmelte er: „Na, egal. Hätte ich Gören, ich würde sie mir schon zurechtbiegen.“

Sie hatten ihr Brot aufgezehrt, als sie in die Nähe des Zuchthauses La Force kamen.

„Ach du, Gavroche?“ rief jemand.

„Ach du, Montparnasse?“ fragte Gavroche zurück.

Ein Mann hatte ihn angeredet, und dieser Mann war unzweifelhaft Montparnasse, verkleidet zwar, mit blauer Brille, aber Gavroche erkannte ihn trotzdem.

„So ein Glück!“ sagte Gavroche. „Eine Schale hast du, senffarben wie ein Breiumschlag, und blaue Gläser wie ein Arzt. Schick bist du, glaub einem alten Mann!“

„Pst“, warnte Montparnasse, „nicht so laut!“ Und zerrte Gavroche aus dem Lichtschein der Läden fort. Die beiden Kleinen folgten ihnen Hand in Hand.

Unter dem schwarzen Bogen eines Torwegs, wo sie vor Blicken und Regen geschützt standen, fragte Montparnasse: „Soll ich dir sagen, wo ich hingehe?“

„Zur Abtei Steig-ungern-rauf“, sagte Gavroche und meinte damit das Schafott.

„Frechdachs“, wehrte Montparnasse ab. „Ich treffe mich mit Babet.“

„So“, sagte Gavroche, „Babet heißt sie.“

„Nicht sie, er“, erwiderte Montparnasse mit tiefer Stimme.

„Ach, Babet?“

„Ja, Babet."

„Ich dachte, der sitzt, zusammen mit meinem Väterchen."

„Er sitzt nicht mehr", entgegnete Montparnasse. Und hastig erzählte er dem Jungen, daß Babet am Morgen des Tages aus dem Gefängnis entkommen sei. Er sei im Korridor auf dem Wege zum Untersuchungsrichter nach links statt nach rechts abgeschwenkt.

Gavroche bestaunte solche Gewandtheit. „So ein Zahnkünstler!" sagte er.

Montparnasse gab noch Einzelheiten über Babets Flucht zum besten und schloß: „Das ist aber nicht alles."

Während er zuhörte, hatte Gavroche nach dem Spazierstock gefaßt, den Montparnasse in der Hand trug, und den oberen Teil herausgezogen. Die Klinge eines Dolchmessers wurde sichtbar. „Aha!" rief Gavroche überrascht und stieß den Dolch zurück. „Du hast deinen Gendarm als Zivilisten verkleidet bei dir."

Montparnasse blinzelte.

„Willst du die Greifer verdreschen?"

„Nie kann man wissen, wie's kommt", anwortete Montparnasse betont gleichgültig. „Es ist immer gut, wenn man eine Nadel bei sich hat."

Gavroche ließ nicht locker. „Du hast doch heute nacht was vor?"

Montparnasse wurde ernst und sagte bedächtig: „Allerhand." Plötzlich wechselte er das Thema: „Ganz nebenbei ..."

„Was?"

„Ist mir neulich passiert. Stell dir vor! Ich begegne einem Bürger. Er schenkt mir eine Predigt und seine Börse. Die stecke ich in meine Tasche. In der nächsten Minute suche ich nach. Nichts mehr da."

„Nichts als die Predigt", sagte Gavroche spöttisch.

„Wo willst du jetzt hin?" fragte Montparnasse.

Gavroche zeigte auf seine beiden Schützlinge und sagte: „Ich muß die Kinder zu Bett bringen."

„Wo?"

„Bei mir."

„Was, bei dir?"

„Ja, bei mir."

„Hast du eine Bleibe?"

„Allerdings."

„Wo denn?"

„Im Elefanten", sagte Gavroche.

Montparnasse konnte, obgleich ihn wirklich selten etwas verblüffte, einen erstaunten Ausruf nicht zurückhalten.

„Im Elefanten?"

„Freilich, im Elefanten", erwiderte Gavroche.

Jetzt wußte Montparnasse Bescheid, und er schien von Gavroches Wohnung besser zu denken. „Wie pennt es sich denn da?"

„Sehr gut", sagte der Junge, „piekfein. Es zieht nicht so wie unter den Brücken."

„Wie kommst du aber rein?"

„Ich komme rein."

„Hat denn der Elefant ein Loch?" fragte Montparnasse.

„Nicht weitersagen! In den Vorderbeinen. Die Spitzzel haben es noch nicht entdeckt."

„Und da steigst du ein? Ich verstehe."

„Einmal herumgedreht, krick-krack, aus – keiner mehr da. Für die Kleinen hab ich 'ne Leiter."

Montparnasse lachte. „Wo, zum Teufel, hast du die Burschen aufgegabelt?"

Gavroche entgegnete schlicht: „Ein Barbier hat sie mir geschenkt."

Montparnasse war nachdenklich geworden. „Du hast mich zu leicht erkannt", murmelte er. Er nahm zwei kleine Hülsen, mit Baumwolle umwickelte Federkiele, aus seiner Tasche und schob sich in jedes Nasenloch eine. So hatte er eine andere Nase.

„Du bist ganz verändert", sagte Gavroche. „Nicht mehr so häßlich wie vorher. Das solltest du beibehalten."

Montparnasse war ein hübscher Kerl, aber Gavroche ein Spötter.

„Scherz beiseite! Wie findest du mich?" fragte Montparnasse. Seine Stimme hatte nun auch einen anderen Klang. Von einem Moment zum andern war er nicht wiederzuerkennen.

„Mach uns den Kasper!" rief Gavroche.

Die beiden Kinder, die bisher unbeteiligt dagestanden hatten, hingebungsvoll mit den Fingern in der Nase bohrend, kamen näher, als sie das Wort Kasper hörten. Mit beginnender Freude und Bewunderung betrachteten sie Montparnasse.

Leider hatte Montparnasse Sorgen. Er legte Gavroche

die Hand auf die Schulter und sagte, indem er jedes Wort betonte: „Höre, was ich dir sage, Junge: Wenn sich das so träfe und ich hätte meine Dogge, meinen Dag und meine Dig und ihr würdet zehnmal zwei Sous an mich verschwenden, so würde ich mich nicht weigern, elendig zu schuften, aber heute ist nicht Faschingsdienstag."

Dieses Kauderwelch, mit dem Montparnasse den kleinen Gavroche vor dem Polizisten warnen wollte, der in der Nähe war, enthielt eine Losung: die fünf- oder sechsmal wiederholten Silben „dig", „dag" und „dog". Sie waren nicht für sich gesprochen, sondern kunstvoll in die Rede gemengt. Das bedeutete: „Achtung! Wir können nicht frei reden!" Allerdings steckte in den Worten des Montparnasse auch eine gewisse dichterische Schönheit, aber die entging Gavroche.

Der verrückte Satz wirkte sonderbar auf den Jungen, dessen Heimat die Gasse war, der nur das Elend kannte und die Furcht vor der Polizei. Augenblicklich drehte er sich um. Mit verstohlener, dennoch gründlicher Aufmerksamkeit ließ er seine blitzenden kleinen Augen wandern, und als er wenige Schritte entfernt den Schergen gewahrte, entschlüpfte ihm ein „Ach so", das er schleunigst unterdrückte. „Guten Abend", sagte er und schüttelte Montparnasse die Hand. „Ich gehe also mit meinen Murksen zum Elefanten. Solltest du mich in der Nacht brauchen – ich wohne im Erdgeschoß, Portier ist keiner da. Frage nach Herrn Gavroche."

„In Ordnung", sagte Montparnasse.

Montparnasse entfernte sich nach dem Grèveplatz.

Gavroche nach der Bastille. Der größere der Knirpse schleppte den kleinen fünfjährigen, der immer noch nach dem „Kasper“ ausschaute, als der schon längst verschwunden war.

Im Jahre 1812 sah man an der nunmehr verödeten Südostecke des Platzes vor der Bastille ein seltsames Denkmal, zu dem zahlreiche Spaziergänger des Sonntags hinauspilgerten. Zwei Jahrzehnte später bereits fühlte sich der Bürger durch seinen bloßen Anblick beleidigt. Ich rede von einem Denkmal, aber selbst in seinen besten Zeiten war es nur ein Modell dazu gewesen. Doch schon dieses Modell zu einem grandiosen Denkmal, das im Laufe der Zeit von zwei oder drei Windböen erfaßt und mit jedem Male weiter fortgetragen worden war, hatte die Jahre überdauert und war so ein Stück Geschichte geworden. Das Modell war aus Balken und Mauerwerk erbaut und stellte einen vierzig Fuß hohen Elefanten dar, der einen hausähnlichen Turm auf seinem Rücken trug. Irgendein Anstreicher hatte ihn ehedem grün übertüncht, Unwetter, Regen und Zeit hatten ihn seither schwarz gefärbt. Gegen den nächtlichen Sternenhimmel hoben sich in Umrissen die breite Stirn des Kolosses, sein Rücken, seine Hauer, sein Turm, sein ungeheurer Rücken, seine vier Beine in erschreckenden Formen ab. Auf den vorübereilenden nächtlichen Passanten wirkte er düster, rätselhaft und unermeßlich wie ein Symbol der Volkskraft – ein sichtbares, drohendes Gespenst neben dem unsichtbaren Gespenst der Bastille.

Wenige Fremde besuchten das Bauwerk; unbeachtet fiel es in Trümmer. Zu jeder Jahreszeit lösten sich Gipsmassen von seinen Seiten, und so entstanden abscheuliche Wunden. Nach 1814 hatten die Herren der Stadtverwaltung jedes Interesse für den Elefanten verloren. Finster und krank, stand er wuchtig in seiner Ecke. Die Pfähle der faulenden Umzäunung wurden ständig von bezechten Kutschern verunreinigt. Risse spalteten ihm den Bauch, eine Latte ragte aus dem Schwanz hervor, hohes Gras wuchs zwischen seinen Beinen. Und da in den letzten Jahrzehnten der Platz ringsum sich in der unmerklichen, aber stetigen Bewegung des Bodens großer Städte gehoben hatte, stand der Elefant in einer Senke, daß es schien, als rutsche die Erde langsam unter ihm ab. Das Denkmal war schmutzig, abstoßend, anmaßend; auf den Denker wirkte es melancholisch. An ihm war etwas von dem Unrat, der fortgefegt werden muß, und von einer Majestät, die man enthaupten wird.

In diese Ecke des Platzes nun, in die nicht einmal der Schimmer einer einsamen Laterne fiel, führte Gavroche seine Knirpse.

Als sie sich dem Koloß näherten, kam ihm der Gedanke, welchen Eindruck das unendlich Große beim unendlich Kleinen erwecken kann, und er sagte beschwichtigend: „Keine Angst, Murkse!" Dann schlüpfte er geschwind durch eine Lücke des Zaunes in den „Burghof" des Elefanten und half auch den Knirpsen hinein. Ein wenig ängstlich folgten die Kinder ihm nach, dennoch vertrauensvoll aufblickend zu dem kleinen Retter in Lumpen, der ihnen Brot gegeben und eine Herberge für die Nacht versprochen hatte.

Am Zaun lag eine Leiter, die bei Tage von den Arbeitern eines benachbarten Bauhofes benutzt wurde. Mit überraschender Kraft hob Gavroche sie an und lehnte sie gegen ein Vorderbein des Elefanten. Da, wo er die Leiter aufstützte, klaffte im Bauch des Elefanten ein schwarzes Loch. Gavroche zeigte seinen Gästen die Leiter und das Loch und sagte: „Steigt rauf und beeilt euch, daß ihr hineinkommt."

Die Kleinen blickten sich erschrocken an.

„Habt ihr etwa Angst, Murkse?" fragte Gavroche. Und begütigend fügte er hinzu: „Ihr werdet staunen."

Er erklomm den runzligen Fuß des Elefanten, und gleich darauf hatte er sich, die Leiter verschmähend, zu dem Loch emporgehißt. Wie eine Natter, die in eine Erdritze schlüpft, verschwand er im Bauch des Elefanten. Doch im nächsten Moment sahen die Kinder wieder seinen weißlich fahlen Kopf am Rande des finsteren Loches erscheinen. „Los", rief Gavroche, „einsteigen, ihr Rotzer! Überzeugt euch, wie fein es hier ist! Komm", sagte er zu dem Älteren, „ich zieh dich rauf."

Die beiden Kinder stupsten sich mit der Schulter. Es war ihnen bange vor dem dunklen Loch, aber hier draußen goß es in Strömen.

Der Ältere gab sich einen Ruck. Der Jüngere hätte am liebsten geweint, als sein Bruder die Leiter bestieg und ihn zwischen den Beinen des riesigen Tieres allein ließ.

Die Leiter schwankte. Gavroche ermunterte den

Jungen wie ein Fechtlehrer seinen Schüler oder wie ein Maultiertreiber seinen Maulesel: „Keine Angst! Gut, so weiter! Setz deinen Fuß dorthin! Hinter die Hand! Feste!“ Und als der Junge ziemlich oben war, packte Gavroche ihn jäh und energisch am Arm und zerrte ihn zu sich. „Geschafft!“

„Jetzt“, sagte Gavroche zu dem Kleinen, der noch unten stand, „warte auf mich! Mein Herr, bemühen Sie sich, setzen Sie sich.“ Er kroch dann wieder aus dem Loch, wie er sich hineingewunden hatte, ließ sich mit äffischer Behendigkeit am Bein des Elefanten herabgleiten und sprang das letzte Stück. Hohes Gras milderte den Fall.

Er faßte den Fünfjährigen um die Hüfte, pflanzte ihn auf die Leitersprossen, stieg nach und schrie dem Älteren zu: „Ich schiebe, zieh du ihn hoch!“

Und der Kleine war emporgeschwungen, geschoben, geschleppt, gezogen, in das Loch gestopft, bevor er wußte, wie ihm geschah. Gavroche, der als letzter eintrat, stieß die Leiter mit dem Fuß fort.

Gavroche klatschte in die Hände und rief: „Da sind wir. Ihr seid meine Gäste, Murkse.“

Ja, Gavroche war daheim hier im Bauch des Elefanten. Die Bürger, die in ihrem Sonntagsstaat an der Bastille vorbeigingen, maßen das verfallene Denkmal verächtlich mit ihren glotzenden Augen und sagten: „Es sieht schändlich aus, und es hat keinen Nutzen. Man sollte es abreißen.“

Gavroche kannte den Elefanten besser. Er schützte ihn, der keinen Vater und keine Mutter, kein Brot, keine Kleider, kein Obdach hatte. Er schützte vor Kälte, Reif, Hagel, Regen, vor dem Winterwind. Er bewahrte das Kind vorm Schlaf im Straßenkot und Schnee, der Fieber und Tod bringt. Er bot Zuflucht einem elenden Geschöpf, das die Gesellschaft ausgestoßen hatte, und minderte damit die Schuld der satten Bürger. Der alte, elende Elefant, der von Ungeziefer und Vergessen heimgesucht, mit Wanzen, Moder und Geschwüren bedeckt war, der wurmstichig und verlassen dem Untergang harrte, dieses Ungetüm, das vergebens um das Almosen eines wohlwollenden Blickes zu betteln schien, es erbarmte sich des anderen Bettlers: des armen Zwerges, der barfuß ging, der kein Dach über dem Kopf hatte, der in seine Finger blies, sich zu wärmen, mit Lumpen angetan war und sich von dem ernährte, was andere wegwarfen. Das war der Nutzen des Elefanten von der Bastille.

Das Loch, durch das Gavroche eindrang, war eine von außen kaum wahrnehmbare Bresche, halb unter dem Bauch verborgen und so eng, daß nur Katzen und Knirpse passieren konnten.

„Zuerst", sagte Gavroche, „werden wir dem Portier mitteilen, daß wir nicht daheim sind." Und er tauchte in das Dunkel mit der Sicherheit eines Mannes, der seine Häuslichkeit kennt, erschien wieder mit einem Brett, das er vor das Loch lehnte.

Noch einmal verschwand Gavroche in der Dunkelheit. Die kleinen Brüder vernahmen das Knistern eines Zündholzes, das in die Phosphorflasche gesenkt wird. Noch gab es keine chemischen Zündhölzer; das Feuerzeug „Fumade“, das Gavroche besaß, war zu jener Zeit das Fortschrittlichste, was es gab.

Vor dem plötzlichen Lichtstrahl schlossen die Kleinen die Augen. Gavroche hatte einen Wachsstock angezündet, der mehr rauchte als leuchtete, aber das Innere des Elefanten undeutlich erhellte.

Gavroches Gäste schauten um sich. Ihnen war zumute wie dem Jonas im Bauch des biblischen Walfisches. Ein gewaltiges Knochengerüst tat sich vor ihnen auf und umfing sie. Oben war ein langer brauner Balken, von dem in Abständen massive gewölbte Speichen ausgingen. Das waren die Wirbelsäule und die Rippen des Elefanten. Herab hingen Gipszapfen wie Eingeweide, und quer durch den Raum spannten sich weite Spinnennetze wie staubiges Zwerchfell. Hier und da sah man in den Winkeln große schwärzliche Flecke, die lebten und mit raschelnder Bewegung die Flucht ergriffen.

Schutt und Steine, die vom Rücken des Elefanten in den Bauch herabgefallen waren, füllten die untere Wölbung aus, so daß man wie auf einem Fußboden schreiten konnte.

Der Kleinere kauerte neben seinem Bruder und flüsterte: „Ist das schwarz hier!“

Gavroche, der die Bemerkung hörte, sah sich veranlaßt zu protestieren. Die versteinerten Mienen der Knirpse erforderten einen tüchtigen Verweis. „Was meckert ihr?“ rief er. „Was schwatzt ihr für Unsinn? Ekelt es die feinen Herren? Muß es ein Schloß sein? Dann sagt es! Hört zu, ein Laffe bin ich nicht für euch!“

Bei zitternder Angst empfiehlt sich ein wenig Grobheit.

Die Kinder näherten sich Gravroche, der, durch ihr Vertrauen väterlich gerührt, sofort milder wurde. „Dussel", sagte er zu dem Kleineren und stupste ihn zärtlich, „draußen ist es stockduster. Draußen regnet es, nicht hier. Draußen ist es kalt, hier weht kein bißchen Wind. Draußen sind Menschen über Menschen, hier brauchen wir sie nicht zu fürchten. Draußen scheint kein Mond, hier scheint meine Kerze, bitte, was wollt ihr mehr?"

Die beiden Kinder starrten nun weniger ängstlich in den Raum hinein. Aber Gavroche ließ ihnen nicht lange Zeit zum Eingewöhnen. „Schnell", sagte er und stieß sie vor zu seinem Bett.

Die Schlafeinrichtung war eine Matratze, eine Decke und oben drüber ein Alkoven mit Vorhängen. Die Matratze war eine Strohmatte, die Decke ein großer, sehr warmer und fast neuer Schurz aus filziger grauer Wolle. Und dies war der Alkoven: Drei Pfähle, die aufstrebten aus dem Schutt im Bauch des Elefanten, trafen sich an der Spitze, wo sie mit einem Strick zusammengebunden waren, daß sie eine Pyramide bildeten. Über dieser Pyramide hing ein Messinggitter, umzogen von Bändern aus Eisendraht, das sich um die drei Pfähle herumspannte. Große schwere Steine hielten das Gitter lückenlos am Boden fest. Das Gitter stammte aus dem Zoo, wo es ein ausgedientes Vogelhaus verkleidet hatte. Unter der Pyramide lag Gavroches Matratze wie in einem Käfig. Das Ganze glich einem Eskimozelt.

Gavroche verrückte ein paar Steine, und der Vorhang öffnete sich. „Murkse, auf allen vieren!“ befahl er. Als sie drin waren, verschloß er die Öffnung wieder sorgfältig mit den Steinen.

Die drei streckten sich auf die Strohmatte. So klein sie waren, konnte doch keiner von ihnen in dem Alkoven stehen.

Gavroche hatte noch immer den brennenden Wachsstock in der Hand. „Pennt jetzt“, sagte er, „ich lösche den Kandelaber.“

„Mein Herr“, fragte der ältere Bruder und wies auf eine Schlaufe im Gitter, „wozu ist das?“

„Das“, belehrte ihn Gavroche, „das ist, um den Wachsstock einzuklemmen. Pennt!“

Er hüllte den Kleinsten fürsorglich in die Wolldecke.

Der Knirps murmelte vor sich hin: „Ach, tut das gut, ist das warm!“

Gavroche betrachtete seine Decke mit einiger Zufriedenheit. „Kommt aus dem Zoo“, sagte er. „Hab ich vom Affenhaus.“ Er hieß den Älteren die sehr dicke, vortrefflich geflochtene Strohmatte befühlen, auf der sie lagen. „Ist auch aus dem Zoo. Hat der Giraffe gehört. Die Tiere sind gut versorgt. Sie können es entbehren. Sie waren auch nicht böse, als ich mir die Sachen holte. Brauchst nur über die Mauer zu springen, durch ein Fenster zu steigen und durch eine Tür zu gehen. Ich will's für den Elefanten, habe ich den Tieren gesagt.“ Und nach einer Pause: „Man klettert über die Mauern und pfeift auf die Polizei, und schon hat man alles, was man braucht.“

Die beiden Kleinen blickten mit ängstlichem Respekt und höchst verblüfft auf diesen unerschrockenen, erfinderischen Jungen, der wie sie obdachlos war, ohne Gefährten wie sie, arm wie sie, und der doch etwas Bewundernswertes, etwas Allmächtiges an sich hatte. Sie betrachteten sein Gesicht, das faltig und verschlagen war wie das eines Gauklers und doch ein unschuldiges und bezauberndes Lächeln zeigen konnte.

„Mein Herr", fragte schüchtern der Ältere, „haben Sie keine Furcht vor den Polizisten?"

„Komische Frage", sagte Gavroche. „Es heißt nicht Polizisten: die Greifer heißt es."

Der Kleinere hatte die Augen offen, aber er sagte nichts. Da er am Rande lag und der Ältere in der Mitte, glättete Gavroche die Decke um ihn, wie eine Mutter es getan hätte, und erhöhte die Matte unter seinem Kopf mit alten Fetzen. Dann fragte er den Älteren: „Schön hier, was?"

„Ach ja", antwortete das Kind und seufzte tief und erleichtert.

Die beiden Kleinen, durchnäßt wie sie waren, erwärmten sich nach und nach.

„Warum habt ihr eigentlich geflennt?" fragte Gavroche. Er wies auf den Kleinen. „Ein Murks wie der, da will ich nichts sagen. Aber wenn ein Großer wie du weint, so muß ich einfach lachen. Wie ein Kalb!"

„Ach Gott", sagte das Kind, „wir wußten ja nicht, wo wir hin sollten. Wir hatten Angst, weil wir so allein in der Nacht waren."

„Hör mal", erwiderte Gavroche, „man stöhnt doch

nicht bei jeder Kleinigkeit. Dadurch wird auch nichts gebessert. Ich sorge jetzt für euch. Wirst sehen, wie wir uns amüsieren. Im Sommer gehen wir baden am Bahnhof und rennen nackt über die Kähne an der Austerlitzbrücke, das ärgert die Wäscherinnen. Sie schreien, sie fluchen, du wirst sehen, wie komisch die sind. Wir werden den Mann besichtigen, der ein lebendiges Skelett ist. Der ist ausgestellt in den Champs-Elysées. Er ist spindeldürr, der Kauz. Und dann führe ich euch ins Theater. Ich besorge Karten, ich kenne Schauspieler, einmal habe ich sogar in einem Stück mitgespielt. Ich mußte unter einer Leinwand entlanglaufen, das war das Meer. Ich lasse euch an meinem Theater engagieren. Und dann sehen wir uns die Wilden an. Die sind aber nicht echt, die Wilden. Sie haben rosa Trikots an, die Falten ziehen, und an den Ellbogen sieht man, wie sie mit weißem Garn geflickt sind.

Wir gehen auch in die Oper. Mit der Claque kommen wir schon hinein. Das sind Leute, die kostenlos zusehen dürfen und die noch dafür bezahlt werden, bloß weil sie Beifall klatschen. Die Klatscher bei der Oper halten zusammen, es sind bessere Kumpel als die bei den Theatern. Stell dir vor, für die Oper zahlen manche zwanzig Sous, sind das nicht Narren?

Und dann sehen wir uns die Hinrichtungen an. Ich zeige euch den Henker, Herrn Samson. An seiner Tür hängt ein Briefkasten. Oh, wir werden uns glänzend amüsieren!"

Ein Wachstropfen, der Gavroche auf die Hand fiel, führte ihn aus der Welt der Träume zurück in die Wirklichkeit. „Zum Teufel!“ rief er, „der Docht ist alle. Und ich kann nicht mehr als einen Sou im Monat für die Beleuchtung ausgeben. Na, die Nacht ist ja auch zum Schlafen da und nicht zum Romane lesen. Außerdem könnte das Licht durch die Ritzen dringen, und die Greifer würden hereingucken.“

„Und dann“, sagte schüchtern der Ältere, der allein mit Gavroche zu plaudern und ihm Antwort zu geben wagte, „könnte auch ein Funke ins Stroh springen. Wir müssen vorsichtig sein, sonst brennt das Haus nieder.“

Das Gewitter wurde heftiger. Zwischen dem Donnerrollen hörten sie, wie der Regen gegen den Rumpf des Kolosses peitschte.

„Das geschieht ihm recht, dem Regen, daß er uns nicht erwischt!“ sagte Gavroche. „Hört es sich nicht lustig an, wie es auf das Dach platscht? Der Winter ist ein dummer Kerl. Er verschleudert seine Ware, er plagt sich umsonst – er kann uns nicht naßmachen. Deshalb brummt er, der alte Wasserträger.“

Unmittelbar auf seine Worte folgte ein breiter Blitz, so blendend, daß ein Strahl durch den Spalt im Bauch des Elefanten sprühte. Fast gleichzeitig rollte der Donner mit entfesselter Wut.

Die beiden Kleinen schrien und flitzten so eilig hoch, daß der Alkoven beinahe aus den Fugen geraten wäre.

Gavroche zog sie augenblicklich nieder. „Seht euch doch vor, Murkse! Was habt ihr gegen den Donner? Das ist doch was, beide zusammen und nicht der fade Blitz allein! Bravo, Herrgott im Himmel! Ein Genuß fast wie im Theater.“

Dann stellte er die Ordnung wieder her, drückte den Kindern auf die Knie, daß sie sich wohl oder übel ausstrecken mußten, und rief: „Der liebe Gott hat seine Kerze angebrannt, nun kann ich meine ausblasen. Menschenskinder, jetzt wird geschlafen! Nicht schlafen, ist sehr ungesund. Ihr würdet aus dem Kanal oder, wie man in der feinen Gesellschaft sagt, aus dem Maul stinken. Wickelt euch gut in die Pelle! Ich lösche das Licht. Seid ihr fertig?"

„Ja", murmelte der Ältere, „ich liege gut. Unter dem Kopf ist es schön weich."

„Es heißt nicht Kopf", rief Gavroche, „es heißt Rübe."

Die Kinder kuschelten sich aneinander. Gavroche zog ihnen die Decke bis an die Ohren; dann gebot er zum drittenmal, im Tonfall eines Priesters: „Pennt!" Und löschte die Funzel.

Kaum war es dunkel, als ein sonderbares Beben das Gitter, unter dem die drei Kinder lagen, zu erschüttern begann. Es war eine Vielzahl dumpfer, reibender Geräusche, die metallisch nachschwirrten, so als kratzten Klauen und Zähne an dem Messingdraht herum. Die Geräusche waren von schrillen Schreien begleitet.

Der Fünfjährige, in eiskaltem Entsetzen, stieß den älteren Bruder an. Der aber „pennte" schon, wie Gavroche es befohlen hatte. Da wagte der Kleine, der seine Furcht nicht bändigen konnte, Gavroche anzureden, jedoch leise, mit verhaltenem Atem: „Mein Herr?"

„Nun?" murmelte Gavroche, der gerade die Lider geschlossen hatte.

„Was ist das nur?“

„Die Ratten“, sagte Gavroche und streckte sich bequem.

Die Ratten, die zu Tausenden in dem Gerippe des Elefanten wimmelten, jene schwarzen lebendigen Flecke, welche die Kinder beim Eintritt gewahrten, waren, solange die Kerze glomm, durch den Schein zurückgehalten worden. Aber als die Höhle, die ihre Stadt war, wieder in Nacht versank, rochen sie das, was der Märchenerzähler „frisches Fleisch“ nennt. In Scharen stürzten sie sich auf das Zelt. Sie kletterten bis zum First und bissen in die Maschen, suchten sie zu zernagen.

Der Kleine wußte mit der Erklärung nichts anzufangen. „Mein Herr?“ flüsterte er schüchtern.

„Nun?“ fragte Gavroche.

„Was ist das, Ratten?“

„Mäuse.“

Diese Auskunft beschwichtigte das Kind ein wenig. Es hatte schon weiße Mäuse gesehen und sie possierlich gefunden. Trotzdem erhob es noch einmal die Stimme: „Mein Herr?“

„Nun?“ fragte Gavroche wieder.

„Warum haben Sie keine Katze?“

„Ich habe eine gehabt“, erwiderte Gavroche, „aber sie haben sie mir gefressen.“

Die zweite Erklärung machte die erste zunichte, und der Kleine fing wieder zu zittern an. Zum viertenmal begann er das Gespräch.

„Mein Herr?“

„Nun?“

„Wen haben sie gefressen?“

„Die Katze.“

„Wer hat die Katze gefressen?“

„Die Ratten.“

„Die Mäuse?“

„Ja, die Ratten.“

Verwirrt durch die Mäuse, die Katzen fressen, fragte das Kind weiter: „Mein Herr, würden sie auch uns fressen, die Mäuse?“

„Und ob!“ antwortete Gavroche.

Der Schreck des Kleinen hatte den Gipfel erreicht. Doch Gavroche setzte hinzu: „Brauchst keine Angst zu haben. Die können nicht rein. Da, nimm meine Hand. Sei still und penne!“

Und Gavroche legte schützend seinen Arm um den Kleinen.

Das Kind schmiegte sich an die Hand und beruhigte sich allmählich.

Noch herrschte Stille; der Hall der Stimmen hatte die Ratten fortgescheucht. Nach wenigen Minuten, als sie wiederkamen und wieder lärmten, hörten die drei Kinder nichts mehr.

Die Stunden der Nacht verrannen. Schatten bedeckten den weiten Platz vor der Bastille. Der regenvermischte Winterwind ächzte und schnob. Polizeipatrouillen durchstöberten die Türen, die Flure, die umzäunten Grundstücke, die dunklen Winkel und gingen auf der Jagd nach nächtlichen Herumtreibern stumm an dem Elefanten vorbei. Der Koloß, unentwegt aufgerichtet, die Augen in der Finsternis offen, schien zu träumen. Er sah aus, als freue er sich seiner guten Tat, den Schlummer armer Kinder vor den Elementen und vor der gleichgültigen Menschheit zu beschützen.

In der Stunde vor Tagesanbruch kam ein Mann gelaufen, überquerte den Platz, schlüpfte durch den Zaun zum Bauch des Elefanten. Ein Lichtstrahl hätte verraten, daß der Mann im Regen übernachtet hatte, denn er war bis auf die Haut durchnäßt.

Unter dem Elefanten angelangt, stieß er einen sonderbaren Schrei aus, den nur ein Papagei hätte nachahmen können. Der Mann wiederholte zweimal seinen seltsamen Schrei, der ungefähr klang wie „Kirikikiu!"

Nach kurzer Pause antwortete eine helle, fröhliche junge Stimme aus dem Bauch des Elefanten, es wackelte die Planke, die das Loch verdeckte, und ein Kind kroch hervor, ließ sich geschmeidig neben dem Manne niederfallen.

Das Kind war Gavroche. Der Mann war Montparnassc.

Der Schrei „Kirikikiu" war das Zeichen, das der Junge gemeint hatte, als er sagte: „Frage nach Herrn Gavroche."

Im Schlaf selbst gefaßt auf das Signal, war Gavroche, hellwach sogleich, aufgefahren und hatte kriechend seinen Alkoven verlassen. Er hatte das Gitter geöffnet und sorgfältig wieder versperrt, hatte sich zum Ausgang durchgetastet, und da stand er in der Nacht. In Sekundenschnelle war er herbeigeeilt.

Montparnasse sagte nur: „Wir brauchen dich."

Der Junge forderte keinen weiteren Aufschluß. „Bin da", sagte er.

Und dann schlichen sie zurück zu der Straße, aus der Montparnasse gekommen war. Sie schlängelten sich durch die Kolonnen der Gemüsekarren, die um diese Stunde zu den Markthallen fuhren. Die Händler kauerten schlaftrunken zwischen Bergen von Salat und Kraut; zum Schutz gegen den Regen, der noch immer dicht herniederfiel, hatten sie sich bis an die Augen in ihre Kittel gehüllt und warfen keinen Blick nach den unheimlichen Passanten.

GAVROCHE RETTET SEINEN VATER

Dies hatte sich in der Nacht im Kerker La Force zugetragen: Brujon, Gueulemer und Thénardier, die drei, die bei einem gemeinsamen Ganovenstückchen erwischt und verhaftet worden waren, hatten den Ausbruch längst verabredet und waren in dieser Nacht geflohen. Babet, der vierte im Bunde, war schon am Tage auf eigene Rechnung entwichen, wie Gavroche von Montparnasse wußte. Montparnasse, auf den kein Verdacht gefallen und der deshalb in Freiheit geblieben war, half der Clique von draußen.

Brujon hatte seinen Monat in der Strafzelle genutzt: erstens einen Strick gedreht, zweitens einen Plan ausgearbeitet.

Seit je bestanden die Einzelzellen, in denen der Gefangene sich selbst überlassen ist, aus vier steinernen Wänden, einer Decke von Stein, steinernen Fliesen zu Füßen, einem Feldbett, einer vergitterten Luke, einer außen und innen mit Eisen gesicherten Tür. Allmählich setzte sich die Auffassung durch, der Aufenthalt in einem so traurigen, dunklen Loch sei zu grauenhaft, und in so trostloser Umgebung werde der Häftling nur störrischer. Doch was sich änderte im Laufe der Zeit, war lediglich die Benennung des Verlieses. Man sagte nicht mehr Einzelzelle sondern Strafzelle. Gegen Mittag fällt durch das Fensterloch ein wenig Tageslicht herein. Ein solcher Raum zwingt den Menschen zum Grübeln, wo er lieber beschäftigt werden sollte.

Brujon also hatte gegrübelt und trug bei der Überführung in einen der Säle einen Strick mit sich. Man steckte ihn in den sogenannten Neubau. Das erste, was er im Neubau fand, war Gueulemer, das zweite ein Nagel. Gueulemer war das Verbrechen, der Nagel die Freiheit.

Brujon, von dem man sich ein vollständiges Bild machen muß, war bei zartem Aussehen und einer weislich einstudierten Schlaffheit ein höflicher, intelligenter, diebisch veranlagter Bursche mit schmachtendem Blick und entsetzlichem Lächeln. Der Blick war ein Produkt seines Willens, das Lächeln ergab sich aus seiner Natur. Die ersten Studien zu seiner Kunst hatte er auf den Dächern betrieben; dank seinem Organisationstalent war das Gewerbe der diebischen Bleiabreißer unter ihm schwunghaft aufgeblüht. Diese Bleiabreißer entfernen die Dachtraufen und machen sie zu Geld.

Günstig war für den Fluchtversuch, daß gerade jetzt die Dachschiefer umgelegt und wieder mit Mörtel verstrichen wurden. Auf dem Dach schwebten Stellagen und Leitern, mit anderen Worten: Brücken und Treppen zur Freiheit hin.

Das Gemäuer des Neubaues war nicht besser imstande als das der anderen Abteilungen des Zuchthauses. Es war von Salpeter zerlaugt, und man hatte die Gewölbe der Schlafsäle mit Holz verblenden müssen, weil ständig Steine herunterfielen, den Häftlingen auf die Betten. So verrottet der Neubau war, beging man doch den Fehler, hier die gefährlichsten Häftlinge einzusperren, die „schweren Jungen", wie sie in der Gaunersprache heißen.

Der Neubau enthielt vier übereinanderliegende Schlafsäle und einen Dachstock, den man „Schöne Aussicht" nannte. Ein breiter Kaminschacht, aus dem Keller aufsteigend, unterteilte die Schlafsäle wie ein flacher Pfeiler in zwei Hälften und stieß durch das Dach ins Freie.

Gueulemer und Brujon schliefen im selben Saal. Man mißtraute ihnen und hatte sie deshalb im Erdgeschoß untergebracht. Der Zufall wollte es, daß ihre Betten mit dem Kopfende an den Kaminschacht stießen. Thénardier saß genau über ihnen im Dachgeschoß, in der „Schönen Aussicht".

Der Spaziergänger, der in einer dem Zuchthaus anliegenden Seitenstraße zwischen der Feuerwehrkaserne und dem Torweg des Badhauses seine Schritte verhielt, sah in einen Hof voller Blumen und Sträucher, die in Kübeln standen. Im Hintergrund gewahrte er eine kleine weiße Laube mit grünen Läden. Hinter der Laube erhob sich eine hohe, schwarze, häßliche kahle Mauer. Das war die Mauer des Rondenwegs der Force. So hoch sie war, sie wurde von einem noch schwärzeren Dach überragt. Es war das Dach des Neubaus, in dem Gueulemer, Brujon und Thénardier saßen. An der Schrägseite des Daches, die man von der Feuerwehrkaserne her erblickte, blinkten vier schmale, mit Eisenstangen vergitterte Mansardenfenster.

Durch diese Fenster fiel spärlich Tageslicht in die „Schöne Aussicht", das Dachgeschoß des Neubaues, welches eine große, in Zellen unterteilte Halle war. Dreifache Gitter und doppelt mit Eisenblech beschlagene, mit ungeheuren Nägeln besternte Türen schlossen den Gefängnisraum zur Treppe hin ab. Durchschritt man das dreifache Gitter und eine der Türen, so hatte man zu seiner Linken die vier Fensterluken, zu seiner Rechten, den Luken gegenüber, vier quadratische Käfige. Die Käfige waren ziemlich geräumig und durch schmale Gänge voneinander getrennt. Bis zu Brusthöhe bestanden sie aus Mauerwerk und weiter zum Dach hinauf aus Eisenbarren.

Thénardier war allein in einem Käfig untergebracht. Man hat nie ermitteln können, auf welche Weise die Flasche mit Betäubungsmittel vermischtem Wein zu ihm gekommen war, die man nach seinem Ausbruch vorfand. In vielen Gefängnissen allerdings gab es verräterische Bedienstete, halb Kerkermeister und halb Dieb, die der Polizei einen ungetreuen Gehorsam verkauften und gegen Schmiergelder bei Fluchtversuchen behilflich waren.

In der Nacht also, zur selben Zeit ungefähr, da der kleine Gavroche und die beiden verzweifelten Kinder im Elefanten den ersten Schlaf schliefen, erhoben sich Brujon und Gueulemer leise von ihren Betten. Sie wußten, daß der am Morgen entronnene Babet und Montparnasse sie auf der Straße erwarteten. Mit dem Nagel, den Brujon gefunden hatte, begannen sie den Kaminschacht aufzukratzen. Der Mörtel fiel auf Brujons Bett, und so hörte sie niemand.

Die vom Donnerrollen begleiteten Regenschauer erschütterten die Türen in den Angeln, so daß der Saal von schrecklichem Lärm erfüllt war. Dieser Umstand kam ihnen zugute. Die Gefangenen, die erwachten, stellten sich weiterhin schlafend und taten, als merkten sie nichts von Gueulemers und Brujons Arbeit.

Brujon war geschickt, Gueulemer hatte Kraft. Bevor der Wächter, der sich in einer durch Gitter gesicherten Zelle am Rande des Schlafsaales aufhielt, aufmerksam werden konnte, war die Mauer durchlöchert, der Schacht erklettert, das eiserne Gitter an seiner oberen Öffnung bezwungen, und die beiden furchtbaren Banditen sahen sich auf dem Dach.

Das Dach war glitschig von der Nässe, der Wind drohte die Männer in den Abgrund zu stoßen. Aber der erfahrene Brujon sagte: „Eine herrliche Nacht zum Türmen."

Ein sechs Fuß breiter und achtzig Fuß tiefer Spalt trennte sie von der Mauer des Rondenwegs. Weit unten in der Finsternis blinkte das Gewehr eines Postens. Ein Ende des Strickes, den Brujon in der Strafzelle geflochten hatte, knüpften sie am Kamingitter fest, das andere Ende behielt Brujon, der als erster sprang, in der Hand.

Glücklich landeten sie auf dem Grate der Rondenmauer; ohne Zögern ließen sie sich an dem Strick auf ein niederes Dach gleiten, das an das Badhaus grenzte. Sie schwangen sich hinab in den blumen- und buschbestandenen Hof, jagten zum Pförtnerhäuschen, stießen das Guckfenster auf, hinter dem der Wächter sanft schlummerte, zerrten an der Schnur und öffneten das Tor.

Zwei Schritte – und sie befanden sich in der Freiheit der Straße. Keine dreiviertel Stunden waren vergangen, seit sie sich in ihren Betten aufgesetzt hatten, den Nagel in der Hand, den Plan im Kopf. Wenige Minuten später trafen sie Babet und Montparnasse, die in der Gegend lungerten.

Der Strick aber, der Thénardier noch dienen sollte, hatte ihrem Sprung von der Rondenmauer zum Dach nicht standgehalten. Ein kurzes Ende nur war am Kamin hängengeblieben.

Thénardier hatte sich lange wach gehalten in dieser Nacht. Gegen ein Uhr morgens, vor dem pechschwarzen Himmel, sah er in Regen und Sturm an der Luke gegenüber seinem Käfig zwei Schatten vorbeihuschen. Einer blieb für die Dauer eines Blickes an der Luke stillstehen. Es war Brujon. Thénardier erkannte ihn und begriff. Es war sein Signal.

Thénardier, der versuchten Raubmordes wegen eingeliefert und nächtlichen Überfalls mit bewaffneter Hand schuldig gesprochen war, wurde scharf bewacht. Ein Posten, der alle zwei Stunden wechselte, ging mit geladenem Gewehr vor seinem Käfig hin und her. Die „Schöne Aussicht" war durch einen Wandleuchter erhellt.

Der Gefangene hatte um die Füße Fesseln, die fünfzig Pfund wogen. Jeden Tag um vier Uhr nachmittags betrat ein Wächter mit zwei Doggen den Käfig, legte am Bett ein schwarzes Zweipfundbrot nieder, ließ auch einen Krug Wasser da und einen Napf voll magerer Fleischbrühe, in der einige Pferdebohnen schwammen, prüfte die Fesseln und klopfte die Eisenbarren ab. Der Mann mit den Doggen kehrte zweimal in der Nacht wieder.

Thénardier hatte auf sein Ersuchen hin einen eisernen Bolzen erhalten, damit er sein Brot in einer Mauerspalte festnageln konnte. Zum Schutz vor den Ratten, wie er sagte. Da er streng beobachtet wurde, hatte man ihm den Bolzen gegeben. Später indes erinnerte man sich, daß ein Wächter gesagt hatte: „Besser, er kriegt nur einen hölzernen Bolzen."

Um zwei Uhr morgens wurde der Posten, ein alter Soldat, abgelöst durch einen Rekruten. Gleich darauf machte der Mann mit den Hunden seine Visite und ging, ohne daß ihm an dem Rekruten irgend etwas aufgefallen wäre, es sei denn die allzu große Jugend und der bäuerliche Typ.

Zwei Stunden danach, um vier Uhr, als der Rekrut

abgelöst werden sollte, fand man ihn schlafend wie einen Klotz zu Boden gesunken neben dem Käfig Thénardiers. Thénardier aber war verschwunden. Die Fesseln lagen abgestreift auf den Fliesen. In der Decke des Käfigs klaffte ein Loch und noch eines darüber im Dach. Eine Bohle des Bettes war herausgerissen und zweifellos weggetragen worden, denn man fand sie nirgends. In der Zelle wurde eine Flasche mit dem Rest des betäubenden Weines beschlagnahmt, der den jungen Soldaten eingeschläfert hatte. Dem Soldaten fehlte das Bajonett.

In dem Moment, wo die Flucht festgestellt wurde, glaubte man Thénardier schon unerreichbar. In Wirklichkeit hatte er zwar den Neubau längst verlassen, war aber noch sehr in Gefahr.

Auf dem Dach des Neubaus angekommen, hatte er an der Kaminklappe das abgerissene Stück von Brujons Strick gefunden. Doch es war viel zu kurz, als daß er wie Brujon und Gueulemer über den Rondenweg hätte entrinnen können.

Man mache sich eine Vorstellung von Thénardiers phantastischem Fluchtweg, über den aber Einzelheiten nie bekanntgeworden sind.

Dort, wo die Rue des Ballets in die Rue du Roi-de-Sicile mündet, einige hundert Schritte vom Haupteingang des Zuchthauses La Force entfernt, erhob sich fünfzig Jahre zuvor ein breites Eckhaus. Gegenwärtig, im Jahre 1832, stand von diesem Hause jedoch nur noch ein Teil der Rückwand, bis zur Höhe des dritten Stockwerkes zwischen den Nachbarhäusern eingekeilt. Ganz oben war die Wand von zwei großen viereckigen Löchern durchbrochen, die ehedem mit Fensterrahmen und Glas ausgefüllt gewesen sein mochten. Die Höhlung rechter Hand war mit einem wurmstichigen Balken abgestützt. Warf der zufällige Passant einen Blick hinauf, so nahm er hinter den Löchern eine düstere Mauer wahr. Was er dort sah, war ein Stück des Walles, der den Rondenweg der Force umgab.

Vor den Überbleibseln des alten Hauses dehnte sich eine Kuhle, die sich im Laufe der Zeit mit allerlei Unrat angefüllt hatte. Quer durch diesen traurigen Schuttplatz hatten irgendwelche Handwerker längs der Straße einen Holzzaun gezogen, der nun auch schon vermorschte, und innerhalb der Umfriedung, direkt an der Ruine, hatten sie eine Baracke errichtet. Der Zaun besaß ein Tor mit einer einfachen Klinke.

Wenige Minuten nach drei Uhr morgens war Thénardier auf dem Grate dieser Mauer, der Rückwand jenes alten zerfallenen Hauses in der Rue des Ballets, angekommen. Nie hat man begreifen können, wie er unangefochten bis hierhin gelangt war. Die Blitze mußten ihm hinderlich und zugleich Helfer gewesen sein. Hatte er die Leitern und Gerüste der Dachdecker benutzt, um sich von Dach zu Dach vorzuarbeiten, von der Umfriedung einer Abteilung zur anderen, über die Mauer des Rondenwegs und von dort schließlich zur Rue des Ballets?

Auf dem Wege dorthin gab es jedoch scheinbar unübersteigbare Hindernisse. Der Mauerzug beschrieb eine gezackte, unregelmäßige Linie; sie verlief aufwärts, senkte sich bei der Feuerwehrkaserne, stieg beim Badhaus wieder an, war von Gebäuden zerschnitten. Ständig wechselten Höhe und Richtung, allenthalben gab es Abstürze und rechte Winkel. Auch hätten die Schildwachen die Silhouette des Flüchtlings sehen müssen.

So oder so: Die Flucht schien unerklärlich. War's möglich, daß der Drang nach Freiheit Thénardier erleuchtet, ihn befähigt hatte, Steilhänge in Gräben zu verwandeln, eiserne Gitter in Weidenruten? War seine Schläue für die Dauer der Flucht mit Erfinderkraft begabt worden?

Nun – mag es so oder so zugegangen sein, jedenfalls war er, von Schweiß überströmt, durchnäßt vom Regen, in zerfetzten Kleidern, mit wunden Händen, blutenden Ellbogen und abgeschürften Knien auf die Ruine des alten Hauses gelangt. Dort angekommen, hatte er sich ausgestreckt, vollends erschöpft. Die Höhe von drei Stockwerken trennte ihn vom rettenden Erdboden.

Der Strick, den er vom Kamin losgeknüpft hatte, erwies sich auch hier als zu kurz.

Thénardier wartete, bleich, mit keuchenden Lungen, entmutigt nach all seiner Hoffnung. Er sagte sich, bald werde es tagen, und ihn entsetzte der Gedanke, daß es in wenigen Augenblicken vom nahen Turm vier Uhr schlagen mußte. Das war die Stunde für die Ablösung der Wache. Man würde den jungen Soldaten schlafend unter dem durchbohrten Dach finden.

Stumpf nahm er in beängstigender Tiefe das vom Laternenschein beleuchtete schwarze feuchte Pflaster wahr, das Tod bedeutete oder die Freiheit.

Thénardier fragte sich, ob seinen Komplicen die Flucht geglückt sei, ob sie ihn hören und ihm helfen würden. Er horchte. Niemand außer einer Patrouille hatte die Straße betreten, seit er hier war.

Es schlug vier. Thénardier erzitterte. Aus dem Gefängnis erscholl der wirre Lärm, welcher der Entdeckung eines Ausbruches folgt. Das Geräusch von Türen, die geöffnet und geschlossen werden, das Quietschen der Gitter in ihren Angeln, der Tumult im Wächterhäuschen, die rauhen Rufe der Schließer, der Stoß von Gewehrkolben auf das Pflaster drangen bis zu ihm.

Lichter zuckten an den vergitterten Fenstern der Schlafsäle hinauf und hinunter. Fackelbrand eilte über den Giebel des Neubaus. Die Feuerwehrleute aus der Kaserne nebenan waren alarmiert. Ihre Helme, im Fackellicht erglänzend, bewegten sich die Dächer entlang. Im selben Moment sah Thénardier von der Bastille her einen fahlen Farbton, der das niedrige Gewölk unheilvoll erhellte.

Die Mauer war zehn Zoll breit, an jeder Seite gähnte ein Abgrund. Unfähig, sich zu rühren, lag der Geflüchtete, von schwindelnder Furcht vor dem möglichen Absturz gelähmt und vom Grauen vor der sicheren Verhaftung. Seine Gedanken taumelten wie der Klöppel einer Glocke von der einen Vorstellung zur anderen: Tod, wenn ich hinuntersause, Gefangenschaft, wenn ich bleibe.

Plötzlich gewahrte er auf der noch völlig finsteren Straße einen Mann, der längs der Mauer dahinglitt. Jetzt stand er in der Grube, über der Thénardier schwebte. Dem Manne folgte ein zweiter, der mit der gleichen Vorsicht ging, dann ein dritter und ein vierter.

Als sie beieinander waren, drückte einer die Pforte auf. Die vier betraten den Raum, der die Baracke umgab. Nun befanden sie sich genau unter Thénardier. Offenbar waren sie in die Grube gekommen, um miteinander reden zu können, ohne daß Passanten sie sahen oder der Posten, der wenige Schritte entfernt das Einlaßtor der Force bewachte. Übrigens war dieser Posten durch den Regen in das Schilderhaus gebannt.

Thénardier, der die Gesichter der vier nicht zu unterscheiden vermochte, lauschte ihren Worten mit der verzweifelten Spannung eines Elenden, der fühlt, daß er verloren ist.

Der erste sagte leise, aber verständlich noch für Thénardier: „Fort, hier können wir kein Ding mehr drehn!"

Der zweite sagte: „Es pladdert, daß dem Teufel sein höllisches Feuer ausgeht. Bestimmt kommen bald die Greifer. Da ist ein Soldat, der Wache schiebt. Sie nehmen uns hopp."

Aber der dritte meinte: „So eilig ist es nicht, wir wollen noch warten. Wer sagt uns, daß er uns nicht braucht?" An der eleganten Ausdrucksweise erkannte Thénardier Montparnasse, der in seiner Eitelkeit das Rotwelsch, das er auch beherrschte, für seine Person vermied.

Der vierte schwieg, aber seine massigen Schultern verrieten ihn. Thénardier zögerte nicht: Es war Gueulemer.

Brujon entgegnete fast ungestüm, aber mit noch immer gedämpfter Stimme: „Was quatschst du? Der Wirt hat nicht türmen können. Das hat er nicht gelernt. Sein Hemd und sein Leinentuch zerschleißen und 'nen Strick daraus spulen, Löcher in die Türen fabrizieren, Flebben fälschen, falsche Schlüssel schlossern, seine Eisen durchsägen, den Strick raushängen, sich vor den Polypen verstecken, sich verpuppen – dazu muß einer gefinkelt sein. Der Alte hat das nicht fertiggebracht, er ist kein guter Arbeiter."

Der „Wirt" – das war er, Thénardier, so nannten sie ihn, die wußten, daß er früher eine Schenke besessen hatte.

„Dein Wirt", sagte auch Babet, „wird haben türmen wollen, aber er ist aus den Pantinen gekippt. Das muß man verstehen. Er ist ein Anfänger. Er hat sich von einem Achtgroschenjungen betimpeln lassen oder von einem Kalfaktor, der den Gevatter markiert. Spitz die Ohren, Montparnasse, hörst du, wie sie da drinnen brüllen? Siehst du alle die Latichten? Sie haben ihn! Dem brummen sie zwanzig Jahre und drüber auf. Ich bin keine Memme, das weiß jeder Ganove, aber wir müssen verduften, oder sie bringen uns auf den Trab. Maule nicht, komm und sauf mit uns eine Pulle Wein."

„Man gibt seine Freunde im Schlamassel nicht preis", murrte Montparnasse.

„Er sitzt in der Falle, der Wirt", antwortete Brujon, „verratzt ist er. Da kannst du nicht gegen an. Dalli, weg von hier! Mir ist, als hätte mich schon ein Polyp am Schlafittchen."

Montparnasse widersprach nur noch schwach. Die ganze Nacht waren die vier Männer, so groß die Gefahr auch war, mit der Treue von Banditen, die einander nie verlassen, um die Force gestrichen. Einer im Kittchen, der pfeift, und alle sind gefährdet. Sie hatten erwartet, Thénardier auf irgendeiner Mauer anrücken zu sehen. Aber die Nacht wurde zu schauerlich. Der Platzregen, der alle Straßen verödete, die Kälte, die sie beschlich, ihre von Nässe durchweichten Kleider, ihre durchlöcherten Schuhe, der beunruhigende Lärm, der im Kerker ausgebrochen war, der schleppende Gang der Stunden, die Begegnung mit Patrouillen, das Schrumpfen der Hoffnung, die Wiederkehr der Furcht – das alles trieb sie zum Rückzug. Auch Montparnasse fügte sich.

Einen Augenblick, und sie waren fort. Thénardier ächzte auf seiner Mauer wie ein Schiffbrüchiger auf seinem Floß, der sieht, wie die Barke, die ihm erschien, am Horizont verschwindet. Er wagte nicht, sie anzurufen; ein Schrei, der gehört wurde, konnte alles verderben. Da hatte er eine Idee, eine letzte, den Schimmer eines Einfalls. Er zog Brujons Strick aus der Tasche und warf ihn hinunter. Der Strick plumpste den Männern zu Füßen nieder.

„Ein Seil!" sagte Babet.

„Mein Strick!" sagte Brujon.

„Der Wirt ist da oben", sagte Montparnasse.

Sie sahen hinauf. Thénardier schob seinen Kopf über den Rand.

„Schnell!" raunte Montparnasse, „hast du das andere Ende, Brujon?"

„Ja!"

„Knüpfe die beiden Enden zusammen, wir schmeißen ihm den Strick zu, er macht ihn an der Mauer fest. Dann kann er runterklettern."

Thénardier getraute sich, die Stimme zu erheben. „Ich bin ganz starr vor Kälte."

„Wir werden dich wärmen."

„Ich kann kein Glied mehr rühren."

„Du läßt dich runtergleiten, wir fangen dich auf."

„Meine Hände sind steif."

„Schlinge nur den Strick um die Mauer!"

„Werde ich nicht können."

„Dann muß einer von uns raufsteigen", sagte Montparnasse.

„Drei Stock!" wandte Brujon ein.

Ein altes Gipsrohr, das einem Ofen in der Baracke als Abzug gedient haben mochte, kroch die Mauer hinauf. Es reichte fast bis zu der Stelle, wo Thénardier lag. Dieses Rohr, aufgeplatzt schon an manchen Stellen, war sehr eng.

„Man könnte durch das Rohr steigen", sagte Montparnasse.

„Ein Mann schafft das nie", wehrte Babet ab, „da müßte ein Junge her."

„Wir brauchen eine Göre", sagte Brujon.

„Wo finden wir einen Bengel?" fragte Gueulemer.

„Halt", sagte Montparnasse, „ich hab's."

Leise öffnete er das Tor, vergewisserte sich, daß die Straße leer war, trat vorsichtig hinaus, schloß das Tor und lief zur Bastille. Sieben bis acht Minuten verrannen – für Thénardier achttausend Jahrhunderte. Babet, Brujon und Gueulemer bissen die Zähne zusammen. Endlich tat sich das Tor wieder auf; Montparnasse kam, atemlos, und brachte Gavroche.

Der kleine Gavroche musterte gelassen die Banditen.

Gueulemer richtete das Wort an ihn: „Lauser, bist du ein Mann?"

Gavroche zog die Schultern hoch und erwiderte: „Ein Knirps wie ich ist ein Mann, und Männer wie ihr sind Knirpse."

„Was für 'ne Lippe der Rotzer riskiert!" rief Babet.

„Der ist ein Pariser Junge und nicht von Pappe", setzte Brujon hinzu.

„Was wollt ihr von mir?" fragte Gavroche.

Montparnasse belehrte ihn: „Durch das Rohr sollst du klettern."

„Mit dem Strick", sagte Babet.

„Und ihn festbinden", fuhr Brujon fort.

„Oben auf der Mauer", sagte Babet.

„Und dann?" fragte Gavroche.

„Sieh dort!" sagte Gueulemer.

Der Junge prüfte den Strick, das Rohr, die Mauer, die Fensterlöcher. Und er blies verächtlich durch die Nase, was hieß: Sonst nichts?

„Da ist ein Mann, den wirst du retten", sagte Montparnasse.

„Willst du?" fragte Brujon.

„Idiotische Frage!" sagte Gavroche.

Er zog sich die Schuhe aus. Gueulemer packte ihn am Arm, hißte ihn auf das Dach der Baracke, dessen wurmstichige Bretter sich unter der Last bogen, und reichte ihm den Strick, den Brujon in der Abwesenheit von Montparnasse wieder geknüpft hatte.

Der Junge schritt auf das Rohr zu und zwängte sich durch einen breiten Spalt hinein. Gerade als er losklettern wollte, bückte sich Thénardier, der Rettung und Leben nahen sah, über den Mauerrand. Der erste Schein des Tages bleichte seine verschwitzte Stirn, seine fahlen, knochigen Backen, die dünne Nase in seinem unheimlichen Gesicht, seinen grauen Stachelbart.

Gavroche erkannte ihn.

„Aha", sagte er, „mein Vater! Na, macht nichts."

Er packte den Strick mit den Zähnen und begann entschlossen seine Kletterpartie. Oben angekommen, schwang er sich auf die alte Mauer wie auf ein Pferd und befestigte den Strick am Stützbalken des rechten Fensters. Wenig später befand sich Thénardier auf der Straße.

Sobald er Boden unter den Füßen hatte und sich außer Gefahr fühlte, war Thénardier nicht mehr müde, nicht mehr vor Kälte starr und zitterte nicht mehr. Die Schrecknisse, die er durchlitten, verflüchtigten sich wie Rauch, seine sonderbare, wilde Intelligenz erwachte, bereit, sich wieder zu betätigen. Das erste, was er sagte, war: „Wem machen wir jetzt den Garaus?"

„Verdrücken wir uns", sagte Brujon. „Nicht geredet jetzt, wir müssen gleich auseinander."

Keiner der Männer beachtete indes Gavroche. Er hatte sich auf einem Stein am Zaun niedergelassen und wartete, ob sein Vater sich nach ihm umdrehe. Als das nicht geschah, zog er gleichmütig seine Schuhe an und sagte: „Erledigt. Ihr habt mich nicht mehr nötig, Männer? Dann empfehle ich mich. Ich muß nach meinen Kindern sehen." Und ging.

Einer nach dem anderen entfernten sich die fünf Männer. Als Gavroche in die Rue du Roi-de-Sicile abmarschiert war, nahm Babet Thénardier beiseite.

„Hast du dir den Knirps angeschaut?" fragte er.

„Was für einen Knirps?"

„Der dir den Strick gebracht hat. Mir scheint, das war dein Sohn."

„Bah", sagte Thénardier, „glaubst du?"

DIE FREUNDE DES ABC

Im Juli 1830, zwei Jahre vor den Geschehnissen, die hier erzählt werden, tobten Straßenkämpfe in Paris und in ganz Frankreich. Das Volk hatte sich erhoben gegen König Karl X., den derzeitigen Herrscher. Karl X. hatte immer den Adel bevorzugt. Im Jahre 1830 endlich glaubte er seine Macht sicher und fest genug, nach dem Vorbild der Zustände von vor der großen Revolution die Monarchie zu restaurieren. Das letzte Hindernis seiner Pläne war die Deputiertenkammer, die gewählte Volksvertretung. Sowenig sich diese „Volksvertretung" in Wirklichkeit um die Belange des Volkes bekümmerte – allein die Absicht des Königs, diese letzte große, in der Revolution von 1789 so heiß erkämpfte Einrichtung der Demokratie aufzulösen, entfesselte die lang angestaute Wut. Die Besten aller Klassen empörten sich gegen die Adelsclique und ihren König. Karl X. wurde gestürzt. Doch während die Arbeiter, die Handwerker, Ladenbesitzer und die revolutionäre Jugend noch gegen die Garden des Königs anstürmten, wechselte insgeheim eine zweite Clique die erste ab. Die Großbourgeoisie spielte ihren Mann an die Stelle, die Karl X. eingenommen hatte. Der neue König, der mit Versprechungen die Ruhe bald wieder herstellte, hieß Louis Philippe und wurde von Gutgläubigen der „Bürgerkönig" genannt. Mit Hilfe des Parlaments gewährte der König den großen Kapitalisten bald alle Freiheiten, die sie zu weiterer Befestigung und Ausweitung ihrer wirtschaftlichen Macht brauchten. Für die Arbeiter bedeutete dies, daß die Fabrikanten sie noch unverschämter ausbeuteten, für viele Handwerker und Ladenbesitzer, daß sie der Konkurrenz der Großen erlagen und sich in das grauenhafte Proletarierschicksal hineinfinden mußten.

Man wehrte sich gegen die Not, jeder, so gut er es vermochte. Der eine, der Schwache – wurde ein Dieb oder Schlimmeres, wie Thénardier, der Vater des kleinen Gavroche. Die Starken – sie sammelten sich in den zahlreichen Gesellschaften geheimer Verschwörung. Die Erinnerung an den gewaltigen Sieg der unterdrückten Klassen im Jahre 1789 bestimmte die Ziele der meisten dieser Gesellschaften: Wiedererstrebt wurde die Republik, die verloren war unter Napoleon, Ludwig XVIII., Karl X. und Louis Philippe, wenn nötig, mit Gewalt der Waffen.

Eine der unterirdischen Verbindungen in Paris war die Gesellschaft der Freunde des ABC. Es waren ausnahmslos junge Leute, die sich in einem Hinterstübchen der Schenke „Korinth“ in der Nähe der Markthallen trafen unter dem Vorwand ihres gemeinsamen Interesses für Fragen der Kindererziehung. In Wahrheit bezweckten sie die „Wiederaufrichtung und Befreiung“ der Menschen. Sie nannten sich Freunde des ABC, doch zu lesen war dies „l'Abaissé“: der Erniedrigte. Erniedrigt war das Volk.

Die meisten der Freunde des ABC waren Studenten, in herzlichem Einvernehmen mit mehreren Arbeitern. Die wichtigsten unter ihnen, deren Namen gewissermaßen der Geschichte angehören, waren Enjolras, Combeferre, Jean Prouvaire, Feuilly, Courfeyrac, Bahorel, Lesgle, Joly, Marius de Pontmercy, Grantaire.

Enjolras, einziger Sohn und reich, war ein bezaubernder junger Mann mit der Fähigkeit, furchtbar zu werden. Eine weihevolle und kriegerische Natur – Priester der Menschenrechte und Soldat der Demokratie. Er hatte tiefe Augensterne, etwas gerötete Lider, eine hohe Stirn. Mit seinen zweiundzwanzig Jahren wirkte er siebzehnjährig. Er war ernst, und man hatte den Eindruck, als wisse er nichts von den Schönheiten des Lebens. Er sah keine Rosen, er kannte nicht den Frühling, er hörte nicht die Vögel singen. Ihn beherrschte eine einzige Leidenschaft: das natürliche Recht des Menschen, und ein einziger Gedanke: zu beseitigen, was die Freiheit verhinderte.

Neben Enjolras stand Combeferre. Combeferre ergänzte den Freund, der fanatisch war, durch seine Menschlichkeit. Combeferre las viel, ging ins Theater und in öffentliche Kurse, begeisterte sich für Vorlesungen aus der Physik und der Medizin, verglich Saint-Simon und Fourier, entzifferte Hieroglyphen, zerklopfte Kieselsteine, die er fand; er befaßte sich mit geologischer Forschung, zeichnete nach dem Gedächtnis einen Schmetterling aus der Gattung der Spinner, stöberte Fehler im Französisch der Lehrbücher der Akademie auf, durchblätterte frühe Jahrgänge der Zeitschriften – und dachte nach. Er war gelehrt und ein Denker. Und er glaubte an Träume: an Eisenbahnen, an die Ausschaltung des Schmerzes bei chirurgischen Operationen, an den elektrischen Telegraphen, an den lenkbaren Luftballon. Wenig ängstigten ihn die von allen Seiten durch Aberglauben, Despotismus und Vorurteile gegen das Glück der Menschheit erbauten Zitadellen.

Jean Prouvaire war um eine Nuance milder als Combeferre. Er war verliebt, pflegte Blumen im Topf, blies Flöte, machte Verse, liebte das Volk, beklagte die Frau, beweinte das Kind. Er hatte eine meist zarte und mit einemmal wieder männliche Stimme. Er war Literaturkenner bis zur Gelehrtheit; er beherrschte Italienisch, Latein, Griechisch und Hebräisch, und das nutzte er bloß, um vier Dichter zu lesen: Dante, Juvenal, Aischylos und Jesaja. In der französischen Dichtung stand ihm Corneille näher als Racine und Agrippa d'Aubigny näher als Corneille. Gern schlenderte er zwischen Feldern voll wilden Hafers, und das Gewölk interessierte ihn ebenso wie die Ereignisse des Tages.

Er studierte oder widmete sich der Betrachtung. Des Tages vertiefte er sich in soziale Fragen, Lohn, Kapital, Ehe, Religion, Gedankenfreiheit, Erziehung, Eigentum, Produktion und Güterverteilung, in alle die Rätsel, die den menschlichen Ameisenhaufen mit Schatten bedeckten. Abends aber schaute er nach den Sternen, diesen riesenhaften Wesen. Wie Enjolras, war Jean Prouvaire einziger Sohn und reich. Er sprach sanft, neigte den Kopf, lächelte befangen, kleidete sich schlecht, errötete über ein Nichts. In den wesentlichen Dingen aber, welche die Freunde des ABC bewegten, war er unerschrocken.

Feuilly war Arbeiter in einer Fächerfabrik, Vollwaise, verdiente den Hungerlohn von drei Francs täglich und hing nur einem Gedanken nach: sich und seine Arbeitskameraden vom Elend zu befreien. Noch eine zweite Leidenschaft hatte Feuilly, den Selbstunterricht. Ohne fremde Hilfe hatte er lesen und schreiben gelernt, was er wußte, verdankte er niemandem als sich selbst. Feuilly hatte ein großes Herz. Da ihm die Mutter fehlte, hatte er über das Los seiner Kameraden und über das Vaterland nachgedacht. Die Geschichte studierte er eigens, um sich besser gegen die Zustände der Gegenwart empören zu können.

Unter den leidenschaftlichen, entschiedenen Charakteren, die sich gefunden hatten in der Gesellschaft der Freunde des ABC, war ein einziger, bei dem man hätte rätseln müssen auf die Frage, was ihn in den Kreis geführt hatte. Die Ausnahme war der junge Grantaire. Wer ihn kannte, durfte überzeugt sein, daß er sich vor jeder Art Glauben hütete. Er zählte zu jenen Studenten, die das meiste gelernt hatten während ihres Studiums in Paris. Er wußte, wo der köstlichste Kaffee ausgeschenkt wurde und wo das beste Billard stand. Wollte einer gute Fladen, Backhähnchen, vortreffliche Fische in pikanter Sauce speisen – Grantaire führte ihn. Er kannte sich auch im Boxen aus, in den schwierigsten Tänzen und war ein kundiger Stockfechter. Aber all diese Worte: Volksrechte, Menschenrechte, Republik, Demokratie, Fortschritt – sie belächelte Grantaire. Er war befallen von einer schlimmen Krankheit, dem Skeptizismus, der nicht selten ist bei der Intelligenz und verhindert, daß sie ihre Aktivität hingibt an Ideale. Grantaire lebte mit Ironie, die keine Idee gelten ließ. Doch, so seltsam dies klingen mag: Es gab einen Menschen, einen einzigen, in dessen Gegenwart sein Spott versiegte. Dieser Mensch war Enjolras, bewundert, verehrt, fanatisch geliebt von Grantaire. Der weiche, biegsame, kranke, verkümmerte Grantaire verehrte das Gesunde, Straffe, Aufrechte, Harte, Reine, das Enjolras' Charakter prägte. Die Kröte starrt den Himmel an. Warum? Um zu sehen, wie der Vogel fliegt. Niemand liebt den Tag so wie der Blinde. Neben und mit Enjolras wurde Grantaire Mensch, bewies er Herz. Von Enjolras gescholten und zurückgestoßen, kehrte Grantaire immer wieder. „Welch schöner Marmor!" sagte Grantaire über Enjolras.

Enjolras war die Seele der Gesellschaft der Freunde des ABC.

Bereits im Frühling des Jahres 1832 war Paris wieder zum Aufstand bereit. Die große Stadt glich einer Kanone; sie ist geladen, sie braucht nur einen winzigen Funken, und der Schuß kracht. Die Choleraepidemie verbreitete einen trügerischen Frieden während dreier Monate. Im Juni 1832 war der Funke, der die Erregung auslöste, der Tod des Generals Lamarque.

Lamarque war ein angesehener, tatkräftiger Mann, einer jener Alten, die die Republik verteidigten. Lamarque hatte zwiefache Tapferkeit bewiesen: Auf dem Schlachtfeld wie auf der Tribüne kämpfte er für die Freiheit. Man spürte einen Degen in seinem Wort. In der Deputiertenkammer hatte er seinen Platz bei den Linken. Weil er der Zukunft diente, liebte ihn das Volk. Napoleons letztes Wort war: „Armee", das von Lamarque: „Vaterland".

Lamarques Tod, den man vorausgesehen hatte, wurde von den Freunden seiner Gesinnung als Verlust betrauert und vom Volke beweint; die Regierung fürchtete ihn als Gelegenheit zu einer Demonstration der Unzufriedenen. Wie alle Bitternis, kann solcher Schmerz in Aufruhr sich entäußern ...

Es war der 5. Juni. Bei einem Wetter, in dem Regen und Sonne sich vermischten, durchquerte der Leichenzug Paris mit dem bei solchen Anlässen üblichen offiziellen Gepränge, das noch vergrößert war durch staatliche Miliz wie Einheiten der Armee, der Vorsicht halber mitgeschickt. Zwei Bataillone, die Trommeln verhüllt, die Gewehre nach unten, zehntausend Mann Nationalgarde, den Säbel an der Hüfte, und die Artillerie der Nationalgarde begleiteten den Sarg.

Der Leichenwagen wurde von jungen Männern gezogen. Invalide Offiziere folgten unmittelbar, Lorbeerreiser in den Händen. Dann kam eine zahllose Menge. Aufgewühlt und befremdend die Mitglieder der republikanischen Untergrundorganisationen, die Flüchtlinge aller Nationen – spanische, italienische, deutsche, polnische Fahnen im Zuge neben Trikoloren. Kinder folgten, grüne Zweige schwenkend, Steinmetzen und Zimmerer, die gerade streikten. Buchdrucker, erkenntlich an ihren Papiermützen. Sie schritten zwei und zwei oder zu dritt, schrien, schwangen die Stöcke, manche auch Säbel – wirr die Masse und dennoch eines Mutes, bald in Schwärmen, bald in geordneteren Reihen, Kolonnen. Ein Mann, mit einem Paar gänzlich enthüllter Terzerole bewaffnet, schien Abteilungen zu mustern...

In den Seitenalleen, im Geäst der Bäume, auf den Balkonen, an den Fenstern, auf den Dächern wimmelte es von Köpfen – Männern, Frauen und Kindern. Die Augen verrieten Angst. Eine Menge in Waffen marschierte, eine andere Menge schaute ratlos zu.

Die Regierung beobachtete, die Führung der Miliz, der Armee – die Hand am Degenknauf. An den wichtigsten Punkten, die der Zug passieren mußte, lagen Dragoner, Infanterieregimenter bereit, der Rest der Truppen alarmiert in den Kasernen. Der Hof des Louvre war besetzt mit Artillerie.

Im Leichenzug liefen Gerüchte um, geflüstert von

Mann zu Mann ... Zu vereinbarter Stunde würden zwei Arbeiter die Tore der Waffenfabrik öffnen. Hie und da jedoch sah man auch wahre Verbrechergesichter in der Menge, gemeine Fratzen, die zu sagen schienen: Plündern wir! Einen Mann hörte man zum andern sagen: „Siehst du den mit dem roten Kinnbart? Der befiehlt, wann geschossen wird."

Der Leichenwagen passierte die Bastille, folgte dem Kanal, erreichte den Platz vor der Austerlitzbrücke. Dort hielt er. Um den Leichenwagen entstand ein Kreis, die Menge verstummte. Worte des Abschieds von Lamarque. Man zog die Hüte, die Herzen pochten. Plötzlich erschien im Kreise um den Sprecher ein schwarzgekleideter Mann zu Pferde mit einer roten Fahne, andere sagten, mit einer Pike, auf der eine rote Mütze hing.

Die rote Fahne entfachte den Sturm und ging darin unter. Von der Bastille bis zur Austerlitzbrücke durchbrauste einer jener Schreie, die der Brandung des Meeres gleichen, die Masse: „Lamarque ins Pantheon! Lamarque zu den Großen der Nation!" Die Masse tobte, raste, forderte.

Da setzte sich am linken Ufer Kavallerie in Bewegung und nahte, die Brücke abzusperren. Am rechten Ufer rückten Dragoner heran. Das Volk bemerkte sie an einer Biegung und schrie: „Die Dragoner kommen!"

Die Dragoner rückten vor, Schritt für Schritt, schweigend, Pistolen und Karabiner in den Halftern, die Säbel in den Scheiden, mit den finsteren Gebärden des

Wartens. Sie berührten die Menge. Erschreckt flohen Frauen.

Was ereignete sich in dieser Schicksalsminute? Niemand weiß es genau zu sagen. Es war der dunkle Augenblick, in dem zwei Gewitterwolken zusammenprallen. Die einen erzählen, man hätte vom Arsenal her eine Fanfare gehört, die zum Angriff blies, die anderen, ein Kind hätte einen Dragoner mit dem Messer gestochen. Sicher ist, daß sich drei Schüsse entluden. Im nächsten Moment jagten die Dragoner mit gezücktem Säbel in den Zug, niedermähend, was ihnen vor die Klinge kam.

Der Sturm war entfesselt, es hagelte Steine, Gewehrsalven knatterten, viele Menschen retteten sich das Steilufer hinab in den toten, später erst ausgefüllten Nebenarm der Seine. Die Werften waren im Nu von Kämpfern besetzt, Pfähle wurden aus der Erde gerissen, eine, zwei, drei Barrikaden stiegen empor.

In alle Winkel von Paris flog das Gerücht vom Bürgerkrieg, es gellte der Schrei: „Zu den Waffen!" Man rannte und überrannte, Flucht oder Widerstand. Der Zorn entflammte den Aufruhr, wie der Wind das Feuer in die Weite trägt.

GAVROCHE MARSCHIERT

In dem Moment, wo die verwirrte Menge auseinanderbarst und sich gleich Sturzbächen in mehr als zweihundert Straßen ergoß, erschien Gavroche an der

Austerlitzbrücke. In der Hand hielt er einen blühenden Zweig, den er unterwegs gepflückt hatte. Gavroche sah und handelte.

Im Schaufenster einer Altwarenhandlung gewahrte er eine verrostete Sattelpistole. Er ließ den Zweig fallen und rief: „Mutter, leihen Sie mir Ihre Maschine!" Nahm die Pistole und verschwand.

Eine Herde vor Entsetzen schlotternder Spießer kreuzte seinen Weg. Gavroche schwang die Pistole und sang:

„Bei Nacht sind alle Katzen grau,
bei Tag, da sieht man sehr genau.
Der Bourgeois ist verblüfft, er gafft
und zetert feig und tugendhaft."

So zog der kleine Gavroche in den Krieg. Doch leider mußte er bald feststellen, daß seiner Pistole der Hahn fehlte.

Wer hatte die Melodie gemacht, die seinem Schritt den Rhythmus gab? Vielleicht er selbst. Er kannte alle Weisen, die im Schwange waren, und mischte sein eigenes Gezwitscher hinein. Weiß der Kuckuck, er machte sich ein Potpourri aus den Stimmen der Natur und den Stimmen der großen Stadt zurecht. Er vereinte den Sang der Vögel mit dem Repertoire der Künstler.

Nie hat Gavroche erfahren, daß er in jener Regennacht, als er den beiden Knirpsen gastlich Unterkunft im Elefanten anbot, für die eigenen Brüder sorgte. Abends seine Brüder, morgens sein Vater: das war eine

Nacht gewesen! Als er damals in der Dämmerung von der Force zurückkam, lief er eilends zum Elefanten, holte die Knirpse heraus und teilte mit ihnen sein Frühstück, das er sich unterwegs besorgt hatte. Dann begann er den Tag, wie er es gewohnt war, und die beiden Kleinen vertraute er der guten Mutter Straße an, die auch ihn aufgezogen hatte. Beim Abschied empfahl er sich mit einer Rede: „Ich kratze aus oder, anders gesagt, ich verdufte oder, höfisch gesprochen, ich türme. Knirpse, wenn ihr Papa und Mama nicht findet, so kommt am Abend wieder zu mir! Wir essen zusammen, und ich bringe euch ins Bett."

Aber die Kinder kamen nicht. Entweder hatte sie ein Polizist aufgefischt und mitgenommen, oder ein Jahrmarktsgaukler hatte sie gestohlen, oder sie hatten sich im Straßengewirr von Paris verlaufen. Seit jener Nacht waren zehn bis zwölf Wochen verstrichen, und Gavroche hatte die Kleinen nicht wiedergesehen. Mehr als einmal hatte er sich den Kopf gekratzt und gefragt: „Wo, zum Teufel, sind meine beiden Murkse?"

Unentwegt weiter marschierte Gavroche, seine nutzlose Pistole in der Faust. Er fand einen Laden offen, den eines Zuckerbäckers. Ein Wink der Vorsehung! Er konnte also noch ein Apfeltörtchen essen, bevor er sich ins Unbekannte stürzte.

Gavroche blieb stehen, tastete sich von oben nach unten, von unten nach oben wieder und wieder ab, befühlte seinen Geldbeutel, drehte sämtliche Taschen um – entdeckte nichts, nicht einen Sou. Es ist bitter, am feinsten Kuchen vorbeispazieren zu müssen.

„Wo kann diese Bande bewaffneter Männer nur hingehen! Kehren wir nach Hause zurück, Frau, das ist ja zum Fürchten!"
Lithografie von Honoré Daumier
Ein kleinbürgerliches Ehepaar ist von so blinder Angst vor Revolutionären erfüllt, daß es sich sogar vor spielenden Kindern fürchtet.

„Er hat ja recht, der Bengel, wir sind es, die die Revolution gemacht haben, und sie sind es, die sie verspeisen (die Torte)." 1830.
Lithografie von Honoré Daumier

Eine Straßenszene: zwei Straßenreiniger, die Kiepen auf dem Rücken, einer mit einer (während der Julitage erbeuteten) Polizeimütze auf dem Kopf und einer Binde vor dem Auge, bleiben vor einem Zeitungs- und Grafikstand stehen und kommentieren eine Lithografie von Charlet, betitelt: ‚Derjenige, der sich um den Kuchen prügelt, ist nicht immer der, der ihn auch anschließend ißt.' Die Revolution, vom Volk gemacht, wurde von einer Fraktion des Bürgertums, der Finanzbourgeoisie, vereinnahmt.

Der Aufstand des Volkes von Paris am 28. Juli 1830.
Straßenkampf in der Rue Saint-Antoine.

12

CAF LOUIS. AU RENDEZ-VO

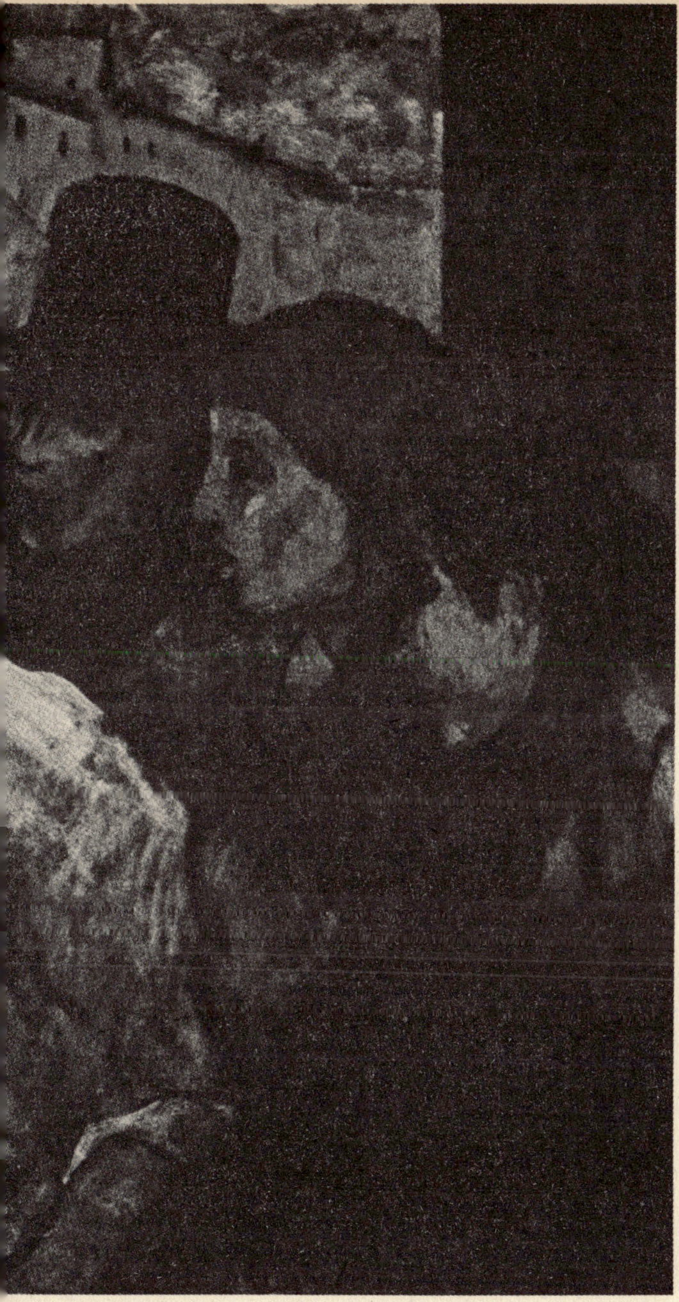

Honoré Daumier
DER AUFRUHR
(Öl auf Leinwand)

Der „gamin de Paris“, der Pariser Gassenjunge, wirft sich in den Thronsessel und ruf
„Ohgott! ... Wie man darin versinkt!“
Lithographie von Honoré Daumier

Mit Genuß riß er die Theaterplakate von den Mauern. So entschädigte sich Gavroche.

Eine Gruppe wohlgenährter Leute hastete vorüber, Leute, die aussahen wie Hausbesitzer. Gavroche zuckte die Schultern und schrie ihnen hinterher: „Wie fett sie doch sind, die Herren! So was stopft sich voll, so was patscht in den guten Speisen herum! Frag sie einer, was sie von ihrem Geld haben! Sie wissen es nicht. Sie verfressen es! Der Bauch verschlingt's! Aber wartet, alles hat ein Ende!"

KLATSCHBASEN

Mitten auf der Straße ging Gavroche und fuchtelte in aller Öffentlichkeit mit seiner Pistole herum. Von Schritt zu Schritt wurde er unternehmungslustiger. Er stimmte die Marseillaise an und rief: „Die linke Pfote tut mir weh, ich habe die Mauke! Die Bourgeois sollen friedlich sein, ich niese ihnen Lieder ins Gesicht. Was ist ein Polizist? Ein Hund. Nein, nichts gegen die Hunde! Ich möchte einen Spitzel vor der Pistole haben! Ich komme vom Boulevard, Freunde, das siedet, das brodelt, das schmort! Es ist Zeit, die Suppe abzuschöpfen, Männer, voran! Unreines Blut soll die Furchen tränken! Alles für das Vaterland, ich werde meine Freundin nicht wiedersehen, nie, nie, Nini, aber egal, es lebe die Freude! Auf in den Kampf, ich habe genug vom Despotismus."

In diesem Augenblick ritt ein Lanzenreiter der

Nationalgarde vorüber. Das Pferd glitt aus. Gavroche legte die Pistole auf das Pflaster nieder, stützte den Mann und half ihm das Pferd aufrichten. Dann nahm er seine Pistole und machte sich wieder auf den Weg.

Eine Seitenstraße, verlassen und still, unberührt vom Getöse des Aufruhrs. Vor einer Haustür plauderten vier Gevatterinnen, alte Schwatzweiber. Sie befaßten sich mit ihren eigenen Sachen. Es waren drei Portierfrauen und eine Lumpensammlerin mit Haken und Kiepe. Sie führten Gespräche wie dieses: „Sagen Sie, ist Ihre Katze noch immer so frech?"

„Mein Gott, die Katzen sind, Sie wissen ja, von Natur die Feindinnen der Hunde. Und dann beklagen sich die Hunde noch."

„Die Köter sind gefährlich. Ich erinnere mich an ein Jahr, wo es so viele gab, daß man es in die Zeitung schreiben mußte. Damals gab es in den Tuilerien Hammel, die das Wägelchen des Königs zogen."

„Erinnern Sie sich noch an den König?"

„Mir war der Herzog von Bordeaux lieber."

„Das Fleisch ist teurer geworden, Frau Patagon . . ."

Hier mischte sich die Lumpensammlerin ein: „Meine Damen, das Geschäft geht schlecht. Die Kehrichthaufen sind erbärmlich, nichts mehr wird weggeworfen. Heutzutage . . ."

„Manche ist schlimmer daran als Sie."

„Gewiß", antwortete die Lumpensammlerin ehrerbietig, „ich habe mein Gewerbe." Und in einer Anwandlung von Prahlsucht fügte sie hinzu: „Morgens, wenn ich heimkomme, klaube ich meine Kiepe aus und sortiere. Die Lumpen stecke ich in den Korb, die Strünke in den Handzuber, die Wäsche in meinen Wandschrank, das Wollzeug in meine Kommode, das Altpapier in den Fensterwinkel, alles Eßbare kommt in meinen Napf, die Glasscherben in den Kamin, die alten Schuhe hinter die Tür, und die Knochen lege ich unter mein Bett."

Gavroche hatte gehorcht und war gleich bereit, die Frauen zu necken. „Ihr alten Weiber", sagte er, „was tratscht ihr von Politik?"

Ein Hagelschlag von Schimpfworten, Geschrei und Gezeter brach los.

„Auch so ein Verbrecher!"

„Was hat er denn in der Klaue – eine Pistole?"

„Ich bitte Sie, der elende Knirps!"

„Diese Sorte gibt keine Ruhe, immer will sie die Obrigkeit umschmeißen!"

Gavroche maß die Frauen mit verächtlichen Blicken und beschränkte sich darauf, ihnen eine Nase zu drehen.

Die Lumpensammlerin schrie: „Barfüßiger Nichtsnutz!"

Die Alte, die auf den Namen Frau Patagon hörte: zischelte: „Sicher gibt es großes Unheil. Den Burschen von nebenan, den mit dem Kinnbart, sah ich jeden Morgen mit einem jungen Ding Arm in Arm vorbeigehen. Es ist eine mit 'ner rosa Mütze. Heute seh ich ihn wieder. Hat er doch eine Flinte unterm Arm! In der vergangenen Woche soll eine Revolution ausgebrochen sein in Pontoise. Und nun der da mit seiner Pistole in unserer

Straße, dieser abscheuliche Schmutzfink! Man sagt, daß überall Kanonen stehen. Was soll die Regierung auch mit dem Gesindel machen, das nicht weiß, was es erfinden soll, um die Leute in ihrer Ruhe zu stören? Wo unsereins doch gerade anfing, ein wenig zu sich zu kommen und nach all dem Unglück, das man erlebt hat, seit, lieber Gott! die arme Königin auf dem Karren vorbeifuhr. Und durch all das wird der Tabak noch teurer werden! – Infamer Strolch, dir werde ich bestimmt zusehen, wenn sie dich köpfen!"

„Du schniefst was zusammen, Alte", sagte Gavroche frech, „schnäuze dein Vorgebirge!" und trollte sich.

Aber an die Lumpensammlerin mußte er noch lange denken. „Es ist nicht recht von dir, Mutter Rinnstein, daß du über die Revolutionäre schimpfst", murmelte er. „Meine Pistole vertritt auch dein Interesse. Damit du in deiner Kiepe mehr eßbare Sachen hast..."

Plötzlich hörte er hinter sich Lärm. Die Portiersfrau Patagon war ihm gefolgt, drohte von ferne mit der Faust und schrie: „Du Bastard!"

„Ach", sagte Gavroche, „du widerst mich an." Und lauter: „Sie sehen, ich habe Wichtigeres zu tun, als mit Ihnen zu zanken. Ich ziehe in die Schlacht."

Ein vorwurfsvoller Blick traf die Pistole in seiner Hand. „Ich funktioniere", sagte er, „aber du nicht."

Ein klapperdürrer Pudel lief Gavroche entgegen. Ihm tat der Hund leid. „Mein armer Wauwau", redete er ihn an, „du hast wohl ein Faß verschluckt, daß alle Reifen zu sehen sind?"

Der würdige Perückenmacher, der damals Gavroches Knirpse weggejagt hatte, stand in seinem Laden. Er rasierte einen alten Soldaten. Man plauderte. Der Perückenmacher hatte natürlich mit dem Veteranen von dem Aufruhr gesprochen, dann von dem General Lamarque, und von Lamarque ging die Rede auf Napoleon über. „Mein Herr", fragte der Perückenmacher, „wie stieg der Kaiser zu Pferde?"

„Schlecht. Er konnte auch nicht richtig fallen. Darum fiel er nie."

„Hatte er schöne Pferde? Er muß doch schöne Pferde gehabt haben?"

„An dem Tag, wo er mir das Kreuz verliehen hat, habe ich mir seinen Gaul angesehen. Es war ein Renner, ganz weiß. Er hatte abstehende Ohren, einen tiefen Sattel, feinen Kopf mit einem schwarzen Stern vorn, sehr langen Hals, starke Kniegelenke, vorspringende Rippen, schräge Schultern, ein mächtiges Hintergestell. Etwas über fünfzehn Spannen war er hoch."

„Hübsches Pferd", sagte der Barbier.

„Es war das Roß Seiner Majestät!"

Der Perückenmacher meinte, nach diesem Wort sei ein kurzes Schweigen angebracht, und so hielt er es auch. Dann fuhr er fort: „Der Kaiser ist einmal verwundet worden, nicht wahr, mein Herr?"

Der alte Soldat erwiderte in dem ruhig überlegenen Ton des Mannes, der dabei war: „An der Ferse. Bei Regensburg. Ich habe ihn nie so gut angezogen gesehen wie an jenem Tag. Er glänzte wie ein neuer Sou."

„Und Sie, Herr Veteran, Sie sind wohl oft verwundet worden?"

„Ich?" sagte der Soldat, „ach, unbedeutend! Bei Marengo habe ich zwei Säbelhiebe in den Nacken abgekriegt, bei Austerlitz eine Kugel in den rechten Arm, bei Jena eine in die linke Hüfte, bei Friedland einen Bajonettstich, da hinten an der Moskwa sieben oder acht Lanzenstiche, bei Lötzen einen Granatsplitter, der mir einen Finger zerschmettert hat, und bei Waterloo eine Kartätschenkugel in den Oberschenkel. Das ist alles."

„Wie schön, auf dem Schlachtfeld zu sterben!" rief der Barbier entzückt. „Ich, auf Ehrenwort, möchte, ehe ich im Bett einer Krankheit erliege, langsam, alle Tage ein bißchen mehr bei Drogen, Breiumschlägen, Klistierspritzen und Medizinen dahinsiechend, lieber eine Kanonenkugel in den Bauch bekommen."

„Sie sind kein Kostverächter", sagte der Soldat.

Kaum hatte er ausgesprochen, als ein furchtbares Getöse den Laden erschütterte. Eine Scheibe der Auslage war jäh zerplatzt.

Der Perückenmacher erbleichte. „Mein Gott", schrie er, „da ist eine!"

„Was?"

„Eine Kanonenkugel . . ."

„Hier", sagte der Soldat. Und er hob etwas auf, das am Boden dahinrollte. Es war ein Kieselstein.

Der Barbier lief an die zertrümmerte Scheibe und

entdeckte Gavroche, der aus Leibeskräften floh und eben um die Straßenecke bog. Als er den Laden passierte, hatte Gavroche, der dem Barbier wegen der Hartherzigkeit gegen die beiden Knirpse grollte, dem Wunsch nicht widerstehen können, ihm guten Tag zu sagen. Und da war der Stein ins Fenster geflogen.

„Sehen Sie“, rief der Perückenmacher, der jetzt blau im Gesicht war statt weiß, „so was vollführt das Böse um des Bösen willen. Was hat man dem Bengel getan?“

FREUNDE

Am Saint-Jean-Platz hatten die Aufständischen die Polizeiwache entwaffnet. Gavroche stieß auf eine Gruppe, die angeführt war von Enjolras, Courfeyrac, Combeferre und Feuilly.

Fast alle Männer waren bewaffnet. Enjolras hatte ein Jagdgewehr mit zwei Läufen, Combeferre eine Flinte aus dem Arsenal der Nationalgarde, die noch die Nummer trug, und aus dem Gürtel unter dem lose flatternden Mantel sahen zwei Terzerole hervor. Courfeyrac schwang einen Stockdegen, und Feuilly, der Arbeiter, marschierte, den Säbel blank in der Faust, voran und rief: „Es lebe die Freiheit!“

So zogen sie durch die Straßen: die Hemdkragen offen, barhäuptig, vom Regen klatschnaß, mit blitzenden Augen.

Gavroche redete sie selbstbewußt an: „Wohin gehen wir?“

„Kannst mitkommen", sagte Courfeyrac.

Hinter Feuilly schritt oder vielmehr hüpfte Bahorel, ein Fisch im Wasser des Aufruhrs. Er war mit einer roten Weste bekleidet und ließ scharfe Worte hören.

Die Weste brachte einen Bürger so aus der Fassung, daß er bestürzt rief: „Da sind die Roten!"

„Rot, die Roten!" entgegnete Bahorel. „Wie komisch ist Ihre Angst, Bourgeois. Ich für meine Person zittere nicht vor einer Klatschrose, das Rotkäppchen flößt mir kein Entsetzen ein. Bourgeois, glauben Sie mir, überlassen wir die Furcht vor Rot dem Hornvieh!"

In einem Mauerwinkel entdeckte Bahorel das friedlichste Blatt Papier der Welt: eine Erlaubnis, Eier zu essen, eine Botschaft des Erzbischofs von Paris an seine „Schafe". „Schafe", sagte Bahorel. „Ein höfliches Wort für Gänseherde." Und riß das Papier von der Mauer ab.

Diese Handlung verschaffte dem jungen Mann Gavroches Sympathie. Von nun an interessierte sich Gavroche für Bahorel.

„Bahorel", bemerkte Enjolras, „das war nicht recht von dir. Du hättest das Blatt ruhig kleben lassen sollen. Nicht damit haben wir zu tun, du verausgabst unnötig Zorn. Und merke dir: Man schießt nicht außer Reih und Glied, mit der Seele sowenig wie mit der Büchse."

„Jedem das Seine, Enjolras", erwiderte Bahorel. „Die Bischofsprosa ärgert mich. Ich will Eier essen, wann es mir paßt. Du hast die Art, entweder kalt oder heiß zu sein; ich hingegen will mich auch mal amüsieren. Im übrigen verausgabte ich mich nicht, ich habe nur einen Anlauf genommen. Wenn ich die Botschaft abgerissen habe, dann, beim Herkules, um mir Appetit zu machen."

Der Ausruf „beim Herkules" imponierte Gavroche. Er suchte die Gelegenheit, sich Kenntnisse zu verschaffen, und diesen Plakatabreißer schätzte er. Er fragte ihn: „Was heißt das: ‚Beim Herkules'?"

„Das heißt ‚Donnerwetter noch mal' auf lateinisch", antwortete Bahorel.

Da gewahrte Bahorel an einem Fenster einen blassen, schwarzbärtigen jungen Mann, der zusah, wie sie vorübergingen. „Schnell!" rief er ihm zu, „Patronen! Para bellum!"

„Ja, belämmert!" erriet Gavroche, der nun Lateinisch verstand.

Immer mehr Männer hatten sich der Gruppe Freunde des ABC angeschlossen; ein lärmender Zug, strömte man durch die Straßen: Studenten, Künstler, junge Leute, denen man den Beruf nicht ansah, Arbeiter aus den Fabriken und vom Hafen. Manche trugen wie Bahorel Pistolen in ihren Hosen versteckt, die meisten aber fuchtelten mit Stöcken und Pistolen. Auch ein Greis marschierte mit. Er war unbewaffnet und schritt eilig aus, als fürchtete er, zurückzubleiben.

Gavroche beobachtete ihn. „Kenn ich den nun, oder kenn ich den nicht?" murmelte er nachdenkend. „Wer ist das?" fragte er Bahorel.

„Ein Alter", bekam er zur Antwort.

Es war Herr Mabeuf, der Greis aus jenem Garten, wo Gavroche einmal hatte einen Apfel entwenden wollen, statt dessen aber die Börse des Montparnasse hinterließ.

Als Herr Mabeuf sich in den Zug einreihte, war Enjolras und seinen Freunden gleich aufgefallen, daß er im Zickzack ging. Als wäre er betrunken – oder als hätte er großen Hunger. Den Hut trug er in der Hand, obwohl es den ganzen Nachmittag gegossen hatte und auch jetzt wieder stark regnete.

Courfeyrac kannte Vater Mabeuf. Er war mit den friedlichen und mehr als schüchternen Gewohnheiten des alten Mannes, dessen einzige Freude die Bücher waren, gut vertraut und wunderte sich deshalb nicht wenig, ihn mitten im Trubel des Aufstandes zu treffen, wenige Straßenzüge von der angreifenden Kavallerie entfernt.

Courfeyrac hatte den Greis angeredet; der fünfundzwanzigjährige Rebell und der Mann von Achtzig führten dieses Zwiegespräch:

„Herr Mabeuf, gehen Sie nach Hause!"

„Warum?"

„Es wird wild hergehen."

„Gut so."

„Säbelhiebe, Flintenschüsse, Herr Mabeuf."

„Gut so."

„Kanonenschüsse."

„Gut so. Und was werden Sie unternehmen?"

„Wir werden die Regierung stürzen."

„Gut so."

Danach hatte der Greis kein Wort mehr gesprochen. Aber sein Schritt war sicherer geworden. Arbeiter hatten ihm ihren Arm angeboten; er hatte mit einem Kopfschütteln abgelehnt. Er rückte fast bis in die erste Reihe der Kolonne vor. Er bewegte sich wie ein Mann, der marschiert, und wirkte doch wie einer, der im Schlafe wandelt.

„Toll, der Mann!" murmelten die Studenten. In der Rotte verbreitete sich das Gerücht, Herr Mabeuf sei ein ehemaliger Abgeordneter des Konvents, einer jener Alten, die für den Tod König Ludwigs XVI. gestimmt hatten. Courfeyrac wußte es besser: Blieb Herr Mabeuf zu Hause, starb er Hungers im Bett – fiel er im Kampf, so bekam sein Sterben einen Sinn.

Der kleine Gavroche arbeitete sich in die erste Reihe vor. Er sang so gellend, daß man sein Lied für Trompetenton halten konnte.

„Der Mond scheint bald,
kommst du in den Wald?
sagt Karlchen zu Charlotte ..."

DIE VORBEREITUNGEN

Es wurde Abend. Die Theater spielten nicht. Miliz machte mit gereizten Gesichtern die Runden. Man durchsuchte Passanten, man verhaftete Verdächtige. Um neun Uhr waren mit mehr als achthundert neu Eingelieferten die Gefängnisse und Zuchthäuser überfüllt. In dem langen Keller des Untersuchungsgefängnisses, den Kundige die „Straße von Paris" nannten, lagen Strohbündel ausgebreitet, auf denen dichtgedrängt die

Gefangenen kauerten. Das Stroh, in dem sich so viele Menschen wälzten, raschelte wie im Gewitterregen. Anderswo lagen die Gefangenen scharf bewacht unter freiem Himmel.

Sie hatten sich festgesetzt in einer Straße nahe der Markthallen, in der Rue de la Chanvrerie. Gavroche hatte es übernommen, den Ausbau der Barrikade in Gang zu bringen Er flitzte hin und her, stieg hinauf und hinunter, bewegte sich flink und glühte vor Eifer. Sein Anblick schien alle zu ermutigen. Was putschte ihn auf? Seine Not. Und die Freude am Außergewöhnlichen beflügelte ihn. Er war überall und nirgends; sah man ihn nicht, so hörte man ihn.

Er belästigte die Schlendernden, trieb die Faulen an, gab den Ermüdeten Kraft. Er regte die Nachdenkenden auf, versetzte die einen in Heiterkeit, die anderen in Atemlosigkeit, wieder andere in Zorn – alle stachelte er an. Er pflanzte sich auf, stand still, schoß los, flog über das Gewimmel und Mühen der Menge dahin, zischelte, brummte und plagte die Besatzung wie eine Mücke, die in der unermeßlichen Kutsche der Revolution mitfährt.

Immer zappelten seine Arme, immer schrie er aus voller Lunge: „Los, ran! Noch mehr Steine! Fässer her! Noch mehr von den Dingern! Eine Bütte Kalk für dieses Loch! Ist die noch winzig, eure Barrikade! Höher werden muß sie. Brecht das Haus ab! Da ist eine Glastür!“

Die Arbeiter protestierten. „Eine Glastür! Was soll uns denn eine Glastür, du Zwerg?“

„Ihr seid Herkulesse ohne Gehirn!“ erwiderte Gavroche. „Eine Glastür in einer Barrikade ist ausgezeichnet! Sie ist kein Hindernis beim Angriff, aber unbequem, wenn gestürmt wird. Habt ihr nie Äpfel über eine Mauer weg geklaut, in der Glasscherben stekken? Die Glastür schneidet der Nationalgarde in die Hühneraugen, wenn sie auf die Barrikade klettern will. Das Glas verrät sie – Phantasie habt ihr eigentlich nicht, Kameraden.“

Im übrigen machte die Wut auf seine hahnlose Pistole ihn rasend. Er lief zu diesem und jenem und schrie: „Ein Gewehr! Ich will ein Gewehr! Warum gibt man mir kein Gewehr?“

„Dir ein Gewehr!“ spöttelte Combeferre.

„Und weshalb nicht?“ erwiderte Gavroche. „1830 besaß ich eins.“

Enjolras zuckte die Schultern. „Wenn für die Männer genug da sind, wird man auch den Kindern geben.“

Stolz wandte sich Gavroche um. „Wirst du vor mir getötet, so nehme ich deins.“

„Du Schlingel!“ sagte Enjolras.

„Du Grünschnabel!“ versetzte Gavroche.

Ein Stutzer, der, als hätte er sich verirrt, im Hintergrund der Straße herumbummelte, lenkte sie ab.

„Kommen Sie zu uns, junger Mann!“ rief Gavroche. „Wollen Sie für das alte Vaterland nichts tun?“

Der Stutzer riß aus.

Die Zeitungen von damals täuschten sich, wenn sie behaupteten, diese Barrikade in der Rue de la Chanvrerie, der „fast uneinnehmbare Wall“, wie sie nachträglich genannt wurde, sei so hoch gewesen wie ein einstöckiges Haus. In Wirklichkeit kam sie über das mittlere Maß von sechs bis sieben Fuß nicht hinaus. Sie war so gebaut, daß die Kämpfer sich hinter ihr verstecken, aber auch ihren Damm besetzen konnten. Oben auf dem Damm erhob sich noch eine halbrunde Mauer mit einer Treppe aus vier Pflastersteinstufen. Dort waren die Kämpfer geschützt, wenn sie schossen.

An der einen Seite war die Barrikade an ein Haus angebaut, in dem sich eine Schenke befand. An der anderen Seite war zwischen Haus und Barrikade ein schmaler Durchschlupf frei gelassen.

Die Front der Barrikade bestand aus übereinandergestapelten Steinen und Fässern. Die Balken und Bretter, die in den Fugen steckten, waren in den Rädern eines Karrens und eines umgestülpten Omnibusses verhakt. Dem Betrachter erschien die Front stachlig und unentwirrbar. Das Gestänge des Omnibusses war mit Stricken aufgerichtet und gestützt. An einer Stange wehte eine rote Fahne.

Einige Schritte hinter der Schenke, wo die Rue Mondétour in die Rue de la Chanvrerie mündete, stand eine zweite, kleine Barrikade. Beide Barrikaden zusammen bildeten ein richtiges Befestigungswerk.

Enjolras und Courfeyrac hatten es vermieden, die Straße auch nach der dritten offenen Seite, dem Durchweg nach den Hallen hin, abzusperren. Wahrscheinlich wollten sie sich die Möglichkeit einer Verbindung mit der Außenwelt sichern. Einen Angriff von dieser Seite befürchteten sie offenbar wenig.

Abgesehen von diesem frei gebliebenen Ausgang und dem Schlupfloch an der großen Barrikade, hatte das Quartier der Aufständischen die Form eines unregelmäßigen, überall abgedichteten Vierecks, in dem die Schenke etwas vorsprang. Die Rue de la Chanvrerie war eine Sackgasse. Etwa zwanzig Schritt war der große Damm von den hohen Häusern im Hintergrund der Straße entfernt. Die Häuser waren bewohnt, aber vom Erdgeschoß bis zum Dach verschlossen.

Der Bau der Barrikade war in knapp einer Stunde geleistet; währenddes hatte das Häuflein Aufständische weder die Bärenmütze noch das Bajonett eines Soldaten auftauchen sehen. Die wenigen Bürger, die sich noch auf die Straßen wagten, machten sich schleunigst davon, wenn sie die Barrikade entdeckten.

Als beide Barrikaden fertig waren und die Fahne flatterte, zogen die Rebellen einen Tisch aus der Schenke, und Courfeyrac stieg hinauf. Enjolras brachte einen Koffer, Courfeyrac öffnete ihn. Der Koffer war mit Patronen gefüllt. Als sie die Patronen sahen, ging ein Beben durch die Reihen der Tapferen, und Stille trat ein.

Courfeyrac verteilte lächelnd die Patronen. Jeder bekam dreißig Stück. Manche hatten Pulver mitgebracht, und man begann, aus geschmolzenen Kugeln einen Vorrat an Patronen zu fabrizieren. Eine große Pulvertonne stand auf einem Tisch neben dem Tor der Schenke; sie wurde noch aufgehoben.

Der Ruf „Sammelt euch!“, der Paris durcheilte, erstarb nicht in den Abendstunden, trotz des Terrors der Polizei. Aber auf die Rebellen in der Rue de la Chanvrerie wirkten die Laute der Revolution nur noch wie eintöniges Geräusch. Das Geräusch entfernte sich bald, bald näherte es sich in unheilvollen Wogen.

Bedachtsam, mit feierlichem Ernst, luden sie ihre Flinten und Karabiner. Enjolras stellte drei Wachen außerhalb der Barrikaden auf.

Der Bau der Barrikaden war vollendet, die Posten eingeteilt, die Gewehre geladen. Nun warteten sie, vereinsamt in den angststillen Straßen, die niemand mehr durchschritt. Totenstille Häuser, in denen jede menschliche Bewegung erstarrt schien, die wachsenden Schatten der Dämmerung ringsum; sie fühlten unbestimmt, daß sich durch das Dunkel und Schweigen etwas Tragisches, Erschreckendes heranwälzte. Allein auf sich gestellt, warteten sie, zur Tat gerüstet und gefaßt.

Während Enjolras die Posten kontrollierte, trafen sich Combeferre, Courfeyrac, Jean Prouvaire, Feuilly, Bossuet, Joly, Bahorel und einige andere wie in den friedlichen Tagen ihres Studentendaseins in einem Winkel der Schenke, die zur Kasematte geworden war, zwei Schritt von ihrer Festung entfernt. Sie lehnten die geladenen Karabiner neben ihre Stühle und begannen Liebesverse herzusagen, indes die Schicksalsstunde unaufhaltsam näher kam. Erinnerungen, die Sterne, die am Himmel aufleuchteten, und das Todesschweigen der verlassenen Straßen, aber auch das unerbittliche Heranrücken des Abenteuers – dies alles schwang mit und verlieh den gemurmelten zarten Strophen feierlichen Zauber.

Auf der kleinen Barrikade pendelte ein Lampion, auf der großen lohte eine Wachsfackel, wie sie am Fastnachtsdienstag an den maskenbesetzten Kutschen zu sehen sind. Um die Fackel auf der großen Barrikade war ein Windschutz aus Pflastersteinen errichtet. Straße und Barrikade lagen in schwarzer Dunkelheit, nur die Fahne leuchtete im Schein der Fackel. Ihr Scharlachrot färbte sich in ein drohendes Purpur.

DER SPITZEL

Es war mittlerweile tiefe Nacht, aber nichts geschah. Aus der Ferne klang verworrener Lärm und vereinzelte kurze Gewehrsalven herüber.

Die Regierung ließ sich Zeit und sammelte die Kräfte. Gegen die fünfzig Mann in der Rue de la Chanvrerie schickte sie sechzigtausend ...

Enjolras fühlte sich von jener Ungeduld erfaßt, die an der Schwelle furchtbaren Geschehens starke Seelen überkommt. Enjolras suchte Gavroche.

Der Junge hockte in dem großen Schankraum im Erdgeschoß und fertigte beim fragwürdigen Licht zweier Kerzen Patronen an. Die Kerzen waren vorsichtshalber auf den Kassentisch gestellt worden, denn überall auf den Tischen lag verschüttetes Pulver. Die beiden Kerzen warfen nur schwachen Schimmer nach draußen. In den oberen Stockwerken brannte kein einziges Licht.

Gavroche war sehr in Gedanken, nicht allein wegen seiner Patronen. Soeben hatte ein Mann den Saal betreten und sich an einen Tisch in der dunkelsten Ecke gesetzt. Der Mann hatte Munition und eine Flinte erster Qualität erhalten. Die hielt er zwischen den Beinen. Bisher hatte Gavroche sich mit hundert Dingen beschäftigt, und deshalb war ihm der Mann nicht aufgefallen. Als der Mann nun eintrat, erregte zuerst die wunderbare Flinte das Interesse des Jungen, und unbewußt folgte er dem Manne mit den Augen. Dann plötzlich, als jener saß, erhob sich Gavroche.

Hätten die Rebellen Muße gehabt, den Mann zu beobachten, wäre ihnen sicher aufgefallen, wie seltsam eindringlich er alle Vorgänge in der Festung belauerte. Indes seit er im Saal sich niedergesetzt hatte, schien er in sich zu versinken und nichts mehr von allem wahrzunehmen, was sich um ihn tat.

Gavroche näherte sich dem nachdenklichen Fremden, umschlich ihn auf den Fußspitzen, bedacht, ihn nicht aufzuschrecken. Das kindlich-freche, ernste und zugleich spitzbübische Gesicht des Jungen spiegelte so deutlich die Empfindungen wider, daß man Gedanken herauslesen konnte, wie: Ach was, unmöglich! Ich sehe nicht recht! Ich träume! Das sollte der sein? Nein, nicht wahr? Doch, doch, das ist er! Aber nein!

Gavroche wiegte sich auf den Sohlen, verkrampfte die Fäuste in den Taschen, bog den Kopf hin und her wie ein Vogel und schob überlegend die Unterlippe vor. Er war verblüfft, unsicher, ungläubig, überzeugt, geblendet. Er glich einem Kunstliebhaber, der unter einem Haufen Schwarten ein Bild von Raffael entdeckt. Alles in ihm war in Unrast, der witternde Instinkt und die berechnende Klugheit.

Es war offenbar, daß Gavroche es mit einer aufregenden Sache zu tun hatte. Als sie ihn aufs heftigste beschäftigte, redete Enjolras ihn an. „Du bist klein", sagte er, „dich wird man nicht bemerken. Verlasse die Barrikade, schleiche dich an den Häusern entlang, spaziere ein wenig durch die Straßen. Wenn du zurück bist, melde mir, was draußen vorgeht."

Gavroche streckte sich in den Hüften. „Die Kleinen sind also doch zu etwas gut, das ist ja ein Glück! Vertrauen Sie mal den Kleinen, und geben Sie nicht zuviel auf die Großen!" Dann blickte er Enjolras fest an und sagte leise, indem er auf den Mann in der Ecke wies: „Sehen Sie den Großen, der dort sitzt?"

„Nun?"

„Das ist ein Spitzel."

„Sicher?"

„Vor zwei Wochen hat er mich am Ohr vom Brückengeländer gezerrt, wo ich ein wenig Luft schöpfte."

Enjolras flüsterte mit einem Arbeiter, der ihm gut bekannt war. Der Arbeiter verließ den Saal und kam in Begleitung von drei Männern wieder. Die vier, Lastträger mit breiten Schultern, pflanzten sich, ohne besonders die Aufmerksamkeit herauszufordern, hinter den Tisch, an dem der Mann lehnte. Aber sie schienen gewillt, sich auf ihn zu stürzen.

Da trat Enjolras hinzu und fragte den Fremden: „Wer sind Sie?"

Die Frage kam so plötzlich, daß der Angeredete auffuhr. Er tauchte seinen Blick bis in den Grund der Augen von Enjolras, wie um die Gedanken des Jungen zu erforschen. Dann gab er sich einen Ruck und antwortete mit verächtlichem, hochmütigem Ernst: „Ich sehe, was Sie meinen. Also, ja!“

„Sie sind Polizeispitzel?“

„Ich bin Beamter der Staatsgewalt.“

„Sie heißen?“

„Javert.“

Enjolras gab den Arbeitern einen Wink. Im Nu, bevor er noch Zeit hatte, sich umzuwenden, war Javert am Kragen gepackt, niedergerissen, geknebelt und durchsucht. Man fand bei ihm eine kleine runde Karte, die zwischen zwei Glasplättchen geklebt war. Auf der einen Seite war das französische Wappen eingraviert und die Inschrift: Überwachung und Sicherheitsdienst, auf der anderen Seite stand der Name: Javert, Polizeiinspektor, 52 Jahre alt, und die Unterschrift des Polizeipräfekten. Außerdem fand sich eine Taschenuhr und die Börse mit ein paar Goldstücken. Man ließ Javert Börse und Uhr. In der kleinen Hosentasche hinter der Uhr steckte in einem Umschlag ein Zettel. Enjolras faltete ihn auseinander und las die von der Hand des Polizeipräfekten geschriebenen Zeilen: „Sobald seine politische Mission erfüllt ist, wird sich Inspektor Javert durch besondere Überwachungsmaßnahmen vergewissern, ob die Missetäter auch an der Böschung des rechten Seineufers Übles planen.“

Die Durchsuchung war beendet, die Männer richteten Javert wieder auf. Sie schnürten ihm die Arme im Rücken und banden ihn an einen Pfosten mitten im Saal. Gavroche, der dabeigestanden und mit stummem

Kopfnicken alles gebilligt hatte, trat an Javert heran und sagte: „Jetzt hat die Maus die Katz gefangen."

Erkennen, Verhör und Festnahme, dies alles war so schnell gegangen, daß die Besatzung das Geschehnis erst hinterher erfuhr. Javert hatte keine Möglichkeit zu schreien gehabt. Als Courfeyrac, Bossuet, Joly und Combeferre den Mann am Pfosten sahen, liefen sie und noch andere herbei.

Javert lehnte am Pfahl, von den Stricken eingezwängt, die keine Bewegung gestatteten. Er ließ den Blick wandern.

„Ein Spitzel", sagte Enjolras.

Und zu Javert: „Zwei Minuten vor dem Sturm auf die Barrikade werden Sie erschossen."

Javert entgegnete in gebieterischem Ton: „Warum nicht gleich?"

„Wir müssen Pulver sparen."

„Dann machen Sie mit dem Messer ein Ende!"

„Spitzel", sagte der junge Enjolras, „wir sind keine Mörder, wir sind Richter." Dann rief er Gavroche zu: „Du, geh an deine Arbeit! Tu, was ich dir gesagt habe!"

„Ich geh ja schon", erwiderte Gavroche. Doch ehe er lief, bat er noch: „Übrigens, geben Sie mir sein Gewehr!" Und fügte hinzu: „Den Musiker lasse ich Ihnen, aber ich will die Klarinette."

Gavroche grüßte militärisch und kroch guter Laune an der großen Barrikade vorbei ins Freie.

EIN GRAUENHAFTER ZWISCHENFALL

Unmittelbar nachdem Gavroche gegangen war, ereignete sich ein zweiter, grauenhafter Zwischenfall. Unter den Zuläufern, die sich Enjolras, Combeferre, Courfeyrac und ihren Freunden angeschlossen hatten, war ein Mensch, der die Weste eines Transportarbeiters trug; sie war an den Schultern zerschlissen. Er gestikulierte aufgeregt, brüllte und sah wie ein wilder Säufer aus. Dieser Mann – er ließ sich Cabuc nennen und war übrigens auch denen unbekannt, die anfangs vorgegeben hatten, ihn zu kennen – dieser Mann hatte sich in einer Ruhepause an einen Tisch gesetzt und benahm sich wie ein Betrunkener.

Er verleitete auch andere Männer, aus den Vorräten der Schenke zu trinken, und unentwegt starrte er nachdenklich hin zu dem größten Haus hinter der Barrikade, das mit seinen fünf Stockwerken die Straße beherrschte. Plötzlich rief er: „Kameraden, wißt ihr, aus dem Hause sollten wir schießen! Wenn wir von den Fensterkreuzen dort zielen könnten, zum Teufel, keiner käme in die Straße."

„Aber das Haus ist verschlossen ...", sagte einer.

„Hämmern wir gegen die Tür."

„Man wird nicht öffnen."

„Brechen wir die Tür auf!"

Cabuc rannte zu dem Hause und pochte mit dem schweren Klöppel.

Niemand öffnete.

Er pochte zum zweitenmal.

Keine Antwort.

Zum drittenmal.

Wieder Schweigen.

„Ist da wer?“ schrie Cabuc.

Nichts rührte sich.

Da packte er sein Gewehr und bearbeitete mit dem Kolben die Tür. Es war eine alte Flurtür, niedrig, schmal, fest, ganz von Eiche, im Innern mit einem Blechblatt ausgeschlagen und eisenverstärkt wie ein Gefängnistor.

Unter den Kolbenhieben erzitterte das Haus, doch die Tür wankte nicht. Die Bewohner mochten in Unruhe geraten sein, denn endlich sah man, wie es hinter einer kleinen viereckigen Luke im dritten Stock hell wurde. Die Luke öffnete sich einen Spalt, eine Kerze wurde sichtbar, und danach erschien das einfältige, erschrockene Gesicht eines grauhaarigen Biedermannes, des Portiers.

Cabuc hörte auf zu klopfen.

„Meine Herren“, sagte der Portier, „was wünschen Sie?“

„Mach auf!“ sagte Cabuc.

„Meine Herren, das geht nicht.“

„Mach trotzdem auf!“

„Unmöglich, meine Herren!“

Cabuc hob das Gewehr und legte auf den Portier an. Da es sehr finster war und Cabuc auch dicht am Hause stand, bemerkte der Portier ihn nicht.

„Ja oder nein, wirst du aufmachen?“

„Nein, meine Herren!“

„Du willst nicht?"

„Ich will nicht, meine guten ..."

Der Portier konnte nicht weiterreden. Der Schuß war losgegangen. Die Kugel war ihm unter dem Kinn eingedrungen und durch den Nacken gefahren; sie hatte die Halsader zerrissen. Der Greis sank zusammen, ohne einen Seufzer von sich zu geben. Die Kerze fiel um und erlosch, und man sah nur noch den Kopf, der leblos aus der Luke hing, und ein Wölkchen weißen Rauchs, das sich zum Dach emporringelte.

„So!" sagte Cabuc und ließ den Kolben seines Gewehrs auf das Pflaster stampfen.

Kaum hatte er gesprochen, als eine Hand mit der Kraft einer Adlerklaue ihm die Schulter niederdrückte, und er hörte eine Stimme, die zu ihm sagte: „Auf die Knie!"

Der Mörder wandte sich um und blickte in das weiße, kalte Antlitz Enjolras'. Enjolras hatte eine Pistole in der Hand. Auf den Knall war er herbeigeeilt. Mit der Linken hielt er Kragen, Kittel, Hemd und Hosenträger von Cabuc gepackt.

„Auf die Knie!" wiederholte Enjolras. Und mit einer einzigen Bewegung knickte der schwächliche junge Mann den vierschrötigen, robusten Halunken wie ein Rohr und zwang ihn, im Straßenschlamm niederzuknien. Cabuc versuchte sich zu widersetzen, aber es schien, als laste eine übermenschliche Faust auf ihm. Bleich, den Hals entblößt, mit wirrem Haar, stand Enjolras. Die Nüstern im Zorn gebläht, das weiche Gesicht von unversöhnlich festen Linien durchzogen, die Augen kalten

Blickes auf den Verbrecher gesenkt, bot er das Bild der Gerechtigkeit, wie die antike Welt es darstellte.

Die Rebellen waren herangelaufen und umstanden in weitem Kreise Enjolras und Cabuc. Man empfand die Ungeheuerlichkeit des Vorfalls und schwieg in Entsetzen.

Der besiegte Cabuc wagte keine Gegenwehr mehr und lag zitternd an allen Gliedern. Enjolras ließ sein Genick frei und zog die Uhr.

„Sammle dich!" sagte er. „Bete oder denke nach! Du hast eine Minute."

„Gnade!" murmelte der Mörder. Dann neigte er den Kopf und stammelte einige unverständliche Flüche.

Enjolras sah unentwegt nach der Uhr. Er ließ die Minute vergehen, steckte die Uhr wieder in die Tasche. Er faßte Cabuc, der ihm heulend zu Füßen kauerte, bei den Haaren und setzte ihm den Lauf der Pistole ans Ohr. Viele der unerschrockenen Männer, die sich ruhig in das gefährliche Abenteuer begeben hatten, drehten den Kopf weg.

Man hörte ein Krachen; der Mörder fiel mit der Stirn auf das Pflaster.

Enjolras richtete sich empor und ließ seinen strengen Blick wandern. Dann stieß er gegen die Leiche und sagte: „Werft das hinaus!"

Drei Männer ergriffen den Körper des Elenden, den die letzten mechanischen Zuckungen des ausgeatmeten Lebens schüttelten, und schleuderten ihn über die kleine Barrikade.

Enjolras schwieg in Gedanken. Plötzlich wurde seine Stimme laut. Alle verstummten.

„Bürger“, sagte Enjolras, „was dieser Mann getan hat, ist gräßlich, und was ich getan habe, grauenhaft. Er hat getötet, darum habe ich ihn getötet. Ich mußte es tun, denn auch der Aufstand bedarf einer Disziplin. Mord ist hier mehr noch als sonst ein Verbrechen. Auf uns alle sieht die Revolution, wir sind die Künder der Republik, wir sind Opfer der Pflicht, und unser Kampf muß vor Verleumdung sicher sein. Ich habe diesen Mann abgeurteilt und zum Tode verdammt. Auch über mich, der ich diese Tat nicht vermeiden konnte und sie verabscheue, habe ich das Urteil gefällt, und was ich beschlossen habe, werdet ihr alsbald sehen.“ Die ihn hörten, erschauerten.

„Dein Los wird das unsere sein“, rief Combeferre.

„Gut“, erwiderte Enjolras. „Noch ein Wort. Indem ich diesen Menschen beseitigte, habe ich der Notwendigkeit gehorcht. Aber die Notwendigkeit ist ein Ungeheuer der alten Welt. Das Gesetz des Fortschritts ist. daß die Ungeheuer verschwinden, daß sie der Brüderlichkeit weichen.

Es ist eine schlechte Zeit, die Liebe zu künden. Wie ’s auch sei, ich rede von ihr und verherrliche sie. Liebe, dir gehört die Zukunft. Tod, ich muß mich deiner bedienen, aber ich hasse dich. Bürger, es wird in Zukunft weder Dunkelheit geben noch rächenden Blitz, weder rohe Unwissenheit noch blutige Vergeltung. In der Zukunft wird niemand einen Menschen töten, die Erde wird strahlen, Haß und Vergeltung wird der Liebe weichen. Kommen wird, Bürger, der Tag, an dem alles Eintracht sein wird, Harmonie, Licht, Freude und Leben. Und daß dieser Tag komme, werden wir sterben."

Enjolras' weiche Lippen preßten sich zusammen. Einige Minuten stand er reglos wie eine Marmorstatue an der Stelle, wo er Blut vergossen hatte. Jean Prouvaire und Combeferre reichten sich stumm die Hände. So vereint, betrachteten sie bewundernd und doch mit ein wenig Mitleid den ernsten jungen Mann, der Henker und zugleich Priester war, licht wie Kristall und hart wie Felsen.

DIE FAHNE

Die Uhr hatte zehn geschlagen. Noch immer war kein Zeichen des Angriffs zu bemerken.

Enjolras und Combeferre hatten sich, den Karabiner in der Hand, nahe dem Schlupfloch in der großen Barrikade niedergelassen. Sie saßen stumm, sie horchten und suchten das Geräusch selbst des dumpfsten und fernsten Schrittes zu erfassen.

Plötzlich stieg aus der Todesstille eine helle, fröhliche junge Stimme auf:

„Mir tröpfelt die Nase,
mein lieber Bugeaud,
pump mir die Gendarmen,
ich brauch sie ja so,
in blauen Kapuzen,
den Busch am Tschako,
da draußen ist's duster,
kokoriko!"

Combeferre drückte Enjolras die Hand.

„Das ist Gavroche", sagte Enjolras.

„Ein Signal für uns", sagte Combeferre.

Durch die öde Straße hasteten Schritte heran. Ein Wesen, behender als ein Clown, überkletterte den Omnibus.

Atemlos sprang Gavroche in die Barrikade und rief: „Meine Flinte! Sie sind da!"

Wie ein Blitz fuhr die Nachricht unter die Besatzung der Barrikade; man hörte, wie alle nach den Gewehren griffen.

„Willst du meinen Karabiner?" fragte Enjolras den Jungen.

„Ich will die große Büchse", erwiderte Gavroche. Und er bemächtigte sich des Gewehrs von Javert.

Das Licht der Fackel reichte nicht weit. Es bespülte die Fahne, machte die düstere Flucht der Häuserreihen undeutlich sichtbar und einige nahe Steine im Pflaster der Straße. Vor den Aufrührern lag ein großer schwarzer Hof, scheinbar grenzenlos im Rauchgewölk.

Die Plätze waren bezogen. Dreiundvierzig Rebellen, unter ihnen Enjolras, Combeferre, Courfeyrac, Bossuet, Joly, Bahorel und Gavroche, knieten auf dem Damm der Barrikade, die Köpfe in Höhe der kleinen Rundmauer, die Mündungen der Gewehre und der Karabiner in Steinfugen ausgerichtet wie in Schießscharten. Sie knieten angespannt, stumm, zu feuern bereit. Sechs Männer harrten unter dem Kommando von Feuilly mit angelegten Flinten hinter den Fenstern der Schenke.

Minuten verstrichen, dann hörten sie Schritte hallen, die im Takt, wuchtig, in großer Zahl, herankamen. Dieses Geräusch, zuerst schwach, stärker werdend, schließlich schwer und drohend, näherte sich mit Bedacht, ohne Halt, ohne Pause, mit ruhiger, schrecklicher Stetigkeit. Nichts sonst war zu hören. Durch die Stille klang der steinerne Schritt so ungeheuerlich, daß man in Gedanken eine unübersehbare Masse wie ein Gespenst heraufmarschieren sah. Es schien, als zöge das furchtbare, eherne Abbild einer ganzen Legion heran.

Der Schritt war ganz nahe, verstummte. Man vermeinte vom Ende der Straße das Keuchen vieler Menschen zu hören. Es ließ sich jedoch nichts erkennen, undeutlich nur unterschied der Blick viele metallische Fäden, dünn wie Nadeln. Sie schwankten wie die geheimnisvollen Phosphornetze, die sich im Moment des Einschlafens in den ersten Nebeln des Schlummers unter geschlossenen Lidern über die Augen spannen. Das waren Bajonette und Kanonenrohre, von den Irrlichtern fernen Fackelglanzes beleuchtet.

Lange wartete man – auf beiden Seiten. Bis endlich aus der Tiefe der Dunkelheit eine Stimme schrie, und sie klang besonders fürchterlich, da der Schreier nicht zu sehen war und die Finsternis selbst zu schreien schien: „Wer da?" In derselben Sekunde klirrten Gewehre im Niederfahren.

In schwingendem, stolzem Ton erwiderte Enjolras: „Französische Revolution!"

„Feuer!" schrie die Stimme.

Purpurn färbte der Blitz die Häuserfassaden, wie wenn das Tor eines großen Ofens geöffnet und gleich wieder geschlossen worden sei.

Gegen die Barrikade schlug ein schreckliches Krachen. Die rote Fahne fiel. Die Salve war so heftig und massiv, daß sie den Schaft zersplitterte. Auch die Spitze der Omnibusdeichsel war entzwei. Kugeln, die von den Häusern zurückprallten, wühlten sich in die Barrikade und verwundeten diesen und jenen.

Die erste Salve ließ die Aufständischen erstarren. Der Angriff war rauh und mußte auch die Kühnsten nachdenklich machen. Einem Regiment zumindest stand man gegenüber.

„Kameraden", rief Courfeyrac, „laßt uns Pulver sparen! Warten wir mit der Antwort, bis sie in der Straße festsitzen."

„Und vor allem", sagte Enjolras, „die Fahne wieder hoch!" Er nahm die Fahne auf, sie war ihm zu Füßen niedergefallen.

Von drunten hörte man, wie Ladestöcke gegen die Flintenrohre stießen. Die Truppe lud von neuem.

„Wer hat Mut?" rief Enjolras. „Wer pflanzt die Fahne auf?"

Niemand meldete sich. In diesem Moment auf die Barrikade zu steigen, wo sie erneut das Ziel einer Salve wurde – es bedeutete den sicheren Tod. Der Tapferste zögert, ehe er sich verdammt. Enjolras sogar mußte ein Beben überwinden.

„Ist keiner bereit?" wiederholte er.

Seit sie in der Rue de la Chanvrerie angekommen waren und den Bau der Barrikade begonnen hatten, war der alte Herr Mabeuf kaum noch beachtet worden. Er hatte sich in das Erdgeschoß der Schenke zurückgezogen und saß dort die ganze Zeit scheinbar teilnahmslos hinter dem Kassentisch. Wem er auffiel, meinte, der Alte sähe und dächte nicht mehr. Noch zwei-, dreimal hatten Courfeyrac und die Freunde des ABC ihn angeredet, vor der Gefahr gewarnt und ihn gebeten, er möge sich zurückziehen. Er hörte sie, so schien es, nicht. Ließ man ihn in Ruhe, so bewegte sich sein Mund, als antworte er jemanden, aber wenn man sich mit einer Frage an ihn wandte, blieben seine Lippen stumm, und kein Leben war in seinen Augen. Einige Stunden vor dem Angriff hatte er sich in eine Positur gesetzt, worin er verharrte: Die Fäuste auf den Knien und den Kopf vorgebeugt, blickte er in einen Abgrund. Nichts hatte ihn bewegen können, diese Haltung aufzugeben; es schien, als weilte sein Geist nicht bei der Barrikade.

Als alle an die Plätze gingen, blieben in dem unteren Saal nur der an den Pfosten gebundene Javert, ein Aufständischer, der ihn mit entblößtem Säbel bewachte, und Mabeuf.

Im Moment des Angriffs, beim Knall der Salve, hatte die Erschütterung doch auch den alten Mann berührt und geweckt. Plötzlich stand er auf und durchquerte den Saal. Und da Enjolras seinen Aufruf wiederholte: „Ist keiner bereit?", erschien der Greis auf der Schwelle der Schenke.

Man sah Mabeuf; sein Anblick erregte die Rebellen. „Der Abgeordnete", rief einer, „der Sprecher des Volkes!"

Vermutlich hörte er das nicht. Er ging direkt auf

Enjolras zu; die Rebellen wichen scheu zur Seite. Er entriß Enjolras, der versteinert zurücktrat, die Fahne. Und ohne daß jemand ihn aufzuhalten oder ihm zu helfen wagte, erklomm der achtzigjährige Greis festen Fußes Schritt für Schritt die Barrikade. Der Anblick war so erhaben, daß mehrere riefen: „Hüte ab!"

Bei jeder Stufe, die Vater Mabeuf erkletterte, tauchten die weißen Haare, die zitternden Wangen, die hohe, kahle, verrunzelte Stirn, der staunende, offene Mund, der Arm, der das rote Banner schwang, aus dem Schatten hervor. Es war, als schaute man das Gespenst von 1793, wie es aus dem Grabe stieg.

Als er droben war, auf der letzten Stufe, vor zwölfhundert Gewehren, die das Dunkel verbarg, und sich angesichts des Todes aufrichtete, da herrschte ein Schweigen, wie es die Wunder umgibt.

Der Greis schwenkte die rote Fahne und rief: „Es lebe die Revolution! Es lebe die Republik! Brüderlichkeit! Gleichheit! Und Tod!"

Die Männer hinter der Barrikade hörten ein leises, rasches Raunen, das klang wie das Gemurmel eines Priesters, der eilends ein Gebet heruntersagt. Vermutlich war das der Polizeikommissar, der am unteren Ende der Straße die gesetzlichen Aufforderungen bekanntgab.

Dann schrie dieselbe schallende Stimme, die „Wer da?" gerufen hatte: „Zurück!"

Bleich, scheu, die Augen von Unheilsflammen erleuchtet, hob Herr Mabeuf die Fahne hoch über seine Stirn und rief ein zweites Mal: „Es lebe die Republik!"

„Feuer!" bellte die Stimme.

Die Salve prasselte wie eine Kartätschenladung gegen die Barrikade. Der Greis wankte in den Knien, fuhr mit dem Oberleib zurück, ließ die Fahne sinken und fiel hintenüber auf das Pflaster, steif wie ein Brett, die Arme gekreuzt. Bäche von Blut flossen unter ihm hervor. Sein alter, trauriger Kopf blickte zum Himmel.

Eine der übergewaltigen Erregungen, in denen der Mensch sogar vergißt, sich zu verteidigen, packte die Aufständischen, und sie näherten sich ehrerbietig dem Leichnam.

„Was sind das für Männer, diese Königsmörder!" sagte Enjolras.

Courfeyrac neigte sich seinem Ohr zu. „Das ist nur für dich, und ich will der Begeisterung keinen Abbruch tun. Aber der Mann war nichts weniger als ein Königsmörder. Ich habe ihn gekannt. Er hieß Mabeuf und liebte die Bücher in der Stille seiner Kammer. Ich weiß nicht, was ihn heute angetrieben hat. Er war ein braver biederer Mann. Betrachte nur seinen Kopf!"

„Der Kopf eines Braven und das Herz eines Brutus", antwortete Enjolras. Dann redete er zu den Versammelten: „Bürger! Dies ist das Beispiel, das die Alten den Jungen geben. Wir zauderten! Er ist gekommen! Wir wichen zurück, er ist vorgetreten! Die vor Alter zittern, gehen voran denen, die vor Furcht zittern. Dieser Greis ist erhaben im Angesicht des Vaterlandes. Er hatte ein langes Leben und einen großartigen Tod. Schützen wir seinen Leichnam! Jeder verteidige diesen Toten, wie er seinen lebenden Vater verteidigen würde, seine Anwesenheit in unserer Mitte mache die Barrikade uneinnehmbar!“

Ein Murmeln düster-entschlossener Zustimmung folgte den Worten. Enjolras bückte sich, hob den Kopf des Greises an und küßte wild die Stirn. Mit zärtlicher Behutsamkeit faßte er den Toten, als fürchte er, ihm weh zu tun. Er zog ihm den Rock aus, zeigte allen die blutigen Löcher und sagte: „Das ist jetzt unsere Fahne.“

MARIUS

Herr Mabeuf wurde mit einem langen schwarzen Schal zugedeckt. Sechs Männer machten aus ihren Gewehren eine Bahre, betteten den Leichnam darauf und trugen ihn barhaupt, mit feierlicher Gemächlichkeit zu einem großen Tisch im unteren Saal. Die Männer widmeten sich ganz ihrer ernsten, heiligen Verrichtung und dachten nicht an die Gefahr, die sie drohend umgab.

Als sie an dem gleichmütigen Javert vorbeikamen, sagte Enjolras: „Bald bist du dran!“

Der kleine Gavroche hatte als einziger seinen Beobachtungsstand nicht verlassen. Plötzlich glaubte er Geräusche zu hören, so als schlichen Wölfe an die Barrikade heran. Aber Wölfe gab es nicht in Paris.

„Aufgepaßt!“ schrie Gavroche laut.

Courfeyrac, Enjolras, Jean Prouvaire, Combeferre, Joly, Bahorel, Bossuet, alle rasten Hals über Kopf aus der Schenke. Es war höchste Zeit. Eine funkelnde, dichte

Reihe von Bajonetten wogte über die Barrikade. Die Soldaten drängten vorwärts; einige erkletterten den Omnibus, die anderen wanden sich durch das Schlupfloch und stießen Gavroche vor sich her, der das Terrain wohl räumte, aber nicht floh.

Es war ein kritischer Augenblick, vergleichbar jener ersten furchtbaren Minute einer Überschwemmung, wenn der Fluß sich bis zur Höhe des Deiches erhebt und das Wasser durch die Brüche einzuströmen beginnt. Noch eine Sekunde, und die Barrikade wäre erstürmt worden.

Bahorel stellte den ersten Soldaten, der sich hereinschob, und tötete ihn aus unmittelbarer Nähe durch einen Schuß. Der zweite Soldat erstach Bahorel mit dem Bajonett. Ein anderer hatte Courfeyrac niedergeworfen, der um Hilfe schrie. Der größte von allen, ein wahres Ungetüm, bedrängte mit gezücktem Bajonett Gavroche. Der Junge nahm Javerts riesiges Gewehr in seine mageren Arme, zielte entschlossen auf den Riesen und drückte ab. Der Schuß ging nicht los. Javert hatte das Gewehr nicht geladen. Der Polizeisoldat lachte laut und erhob sein Bajonett gegen das Kind.

Bevor das Eisen Gavroche berührte, entfiel dem Soldaten das Gewehr; eine Kugel saß ihm mitten in der Stirn. Der Soldat schlug mit dem Rücken auf das Pflaster. Eine zweite Kugel traf den anderen, der Courfeyrac überrannt hatte, in die Brust und streckte ihn nieder.

Marius de Pontmercy, der einzige von den Freunden des ABC, der noch fehlte, hatte die Barrikade betreten.

Marius hatte sich in der Nähe der kleinen Barrikade versteckt gehalten und den ersten Teil des Kampfes unentschlossen und erschauernd miterlebt. Er sah, wie Herr Mabeuf fiel, wie Bahorel getötet wurde, sah Courfeyrac in Not, das Kind bedroht. Jetzt, wo es galt, den Freunden zu helfen oder sie zu rächen, war alles Zögern vorbei, und er stürzte sich, in jeder Hand eine Pistole, in die Schlacht. Mit dem ersten Schuß rettete er Gavroche, mit dem zweiten befreite er Courfeyrac.

Auf die Schüsse und die Schreie der Getroffenen hin hatten die Angreifer die Schanze erstiegen. Jetzt standen sie dort oben in ganzen Trupps: Polizeisoldaten, Soldaten der Linieninfanterie, Nationalgardisten, das Gewehr in der Faust. Mehr als zwei Drittel des Steindammes hatten sie überschwemmt, aber sie sprangen nicht hinunter, als fürchteten sie einen Hinterhalt. Sie spähten in den dunklen Barrikadenraum. Der Fackelschein beleuchtete die Bajonette, die Bärenmützen und die unruhigen, gereizten Stirnen.

Marius besaß keine Waffe mehr. Seine Pistolen waren abgeschossen, und er hatte sie weggeworfen. Aber gleich war ihm die Pulvertonne im unteren Saal nahe der Tür aufgefallen. Als er sich halb dorthin umdrehte, wollte ein Soldat auf ihn feuern. In dem Moment, da er auf Marius zielte, legte sich eine Hand über den Gewehrlauf und verstopfte ihn. Jemand war herzugesprungen: ein junger Arbeiter in einer Manchesterhose. Der Schuß krachte, durchbohrte die Hand und vielleicht auch den Arbeiter, denn er fiel, aber die Kugel traf Marius nicht.

In dem Rauchbrodem, der auf der Barrikade lastete, ließ sich nichts deutlich erkennen. Marius hatte kaum bemerkt, was geschehen war. Da war die Gewehrmündung gewesen und eine Hand, die sie verschloß. Gewiß, auch einen Schuß hatte er vernommen. Aber in Minuten wie diesen flackern die Gegenstände und übereilen sich, und der Blick haftet nirgends.

Der plötzliche Überfall hatte die Aufständischen, obwohl sie damit rechnen mußten, überrascht. Inzwischen hatten sie sich wieder gesammelt. Enjolras hatte gerufen: „Warten! Nicht von ungefähr schießen!" In dem anfänglichen Wirrwarr hätten sie allerdings einander verletzen können.

Die meisten waren zu den Fenstern im ersten Stock und zu den Mansarden hinaufgestiegen und hielten die Angreifer von dort in Schach. Die Verwegensten, unter ihnen Enjolras, Courfeyrac, Jean Prouvaire und Combeferre, hatten sich stolz an die Häuser im Hintergrund gelehnt, wo sie ohne Deckung standen, und trotzten den Reihen von Infanteristen und Polizeisoldaten auf der Barrikade.

All das geschah ohne Übereilung, in dem seltsamen, unheilschwangeren Ernst, der Straßenkämpfe oft einleitet. Hüben und drüben zielte man aus Schrittnähe, man stand sich so dicht gegenüber, daß der Stimmenschall von einer Seite zur anderen trug.

Als der Augenblick heran war, da der Kampf sich entzünden mußte, zog ein Offizier in Ringkragen und mit dicken Epauletten seinen Degen und schrie: „Die Waffen strecken!"

„Feuer!“ rief Enjolras.

Auf beiden Seiten knatterten die Salven zur selben Zeit; durch die herben, erstickenden Rauchwolken schleppten sich Sterbende und Verwundete mit schwachem, dumpfem Stöhnen. Als sich der Qualm verzogen hatte, sah man wieder die Kämpfer. Ihre Reihen waren gelichtet, aber sie standen noch an ihren Plätzen. Stumm luden sie die Waffen.

Plötzlich gellte eine Stimme:

„Macht, daß ihr fortkommt, oder ich sprenge die Barrikade in die Luft!“

Alle Köpfe wandten sich nach der Seite, aus der die Stimme kam. Marius hatte sich den nebligen Rauch in dem verschanzten Raum zunutze gemacht und war mit der Pulvertonne die Barrikade entlang bis zu dem Windschutz gekrochen, in dem die Fackel lohte. Die Fackel lockern, einen Stapel Pflastersteine auf die Pulvertonne häufen, die alsbald in widerstandslosem Gehorsam auseinanderbarst, all das war eins und hatte Marius nur die Zeit gekostet, in der er sich niederbeugte und wieder geradereckte. Und nun sahen die Nationalgardisten, die Polizeisoldaten, die Offiziere, die Infanteristen, die an der Barrikade kauerten, verblüfft, wie er dicht bei ihnen stand, die Fackel in der Hand, das stolze Gesicht von schicksalhaftem Entschluß erleuchtet.

Marius senkte die Fackel zu dem verderbenbringenden Haufen und wiederholte seinen fürchterlichen Schrei: „Macht, daß ihr fortkommt, oder ich sprenge die Barrikade in die Luft!“

„Wenn du die Barrikade in die Luft sprengst", rief ein Sergeant, „fliegst du auch!"

Marius antwortete: „Ich auch!"

Und er näherte die Fackel dem Pulver.

Aber schon war der Damm verlassen. Die Angreifer ließen ihre Toten und Verwundeten zurück, fluteten ungeordnet dem Ausgang der Straße zu und verloren sich in der Nacht. Sie gehorchten der Losung: Rette sich, wer kann!

Die Barrikade war von Belagerern frei.

NACHTKURIER

Marius hatte die Nachricht erhalten, daß seine Freundin Cosette mit ihrem Pflegevater Jean Valjean nach England abreisen müsse und sich den letzten Abend in Paris befinde. Er hatte ihr einen Brief geschrieben, aber wie sollte er ihn befördern in dieser Nacht?

Marius steckte die Brieftasche wieder in den Rock, blickte sich um – dann rief er Gavroche.

Der Junge rannte, als er Marius' Stimme erkannte, mit frohem, ergebenem Gesicht herzu.

„Willst du etwas für mich tun?"

„Alles", sagte Gavroche. „Du lieber Gott, ohne Sie wäre ich tot."

„Siehst du den Brief?"

„Ja."

„Nimm ihn! Verlasse gleich die Barrikade, und morgen früh bestellst du ihn unter seiner Adresse: Fräulein

Cosette bei Herrn Fauchelevent, Rue de l'Homme-Armé Nummer sieben."

Der tapfere Junge antwortete: „Aber inzwischen erobern Sie die Barrikade, und ich bin nicht dabei!"

„Die Barrikade wird wahrscheinlich nicht vor der Morgendämmerung angegriffen und vor Mittag nicht erstürmt werden."

Die neue Frist, die die Belagerer der Barrikade ließen, verlängerte sich wirklich. Es war eine jener Pausen, wie sie in nächtlichen Kämpfen häufig eintreten und nach denen die Schlacht um so heftiger wieder einsetzt.

„Wenn ich aber", sagte Gavroche, „morgen früh Ihren Brief hinbringe . . .?"

„Dann ist es zu spät. Die Barrikade wird vermutlich blockiert, alle Straßen werden überwacht sein, und dann kommst du nicht mehr hinaus. Geh sofort!" Nicht nur den Brief wollte Marius besorgen lassen, er wollte auch das Kind aus dem Zentrum des Kampfes entfernen . . .

Gavroche konnte nichts erwidern; er blieb stehen, unsicher und traurig, und kratzte sich hinter den Ohren. Plötzlich nahm er mit einer hüpfenden Bewegung, wie sie kleinen Vögeln eigen ist, den Brief. „Gut", sagte er. Und lief fort.

Ihm war ein rettender Gedanke gekommen, aber Marius hatte er nichts davon gesagt. Es ist kaum Mitternacht, überlegte er, bis zur Rue de l'Homme-Armé ist es nicht weit. Ich bringe den Brief gleich hin und werde zur rechten Zeit wieder hier sein.

Es dauerte nicht lange, da war Gavroche in der Rue de l'Homme-Armé angelangt. Er blickte in die Luft, als suchte er etwas – wohl die Hausnummern. Dann musterte er das Pflaster, wippte auf den Zehenspitzen und klopfte an die Türen und Fenster. Doch Türen und Fenster waren zugesperrt, verriegelt und mit großen Schlössern behangen. Als er festgestellt hatte, daß fünf oder sechs Häuserfassaden gleich stark versichert waren, hob er die Schultern und fluchte.

Wieder blickte er in die Luft.

Es traf sich, daß Jean Valjean, der Ziehvater Cosettes, gerade vor der Haustür Luft schöpfte, als Gavroche des Wegs kam.

Er sprach das Kind an.

„Was willst du hier in der Nacht, Kleiner?“ fragte er.

„Hunger hab ich“, erwiderte Gavroche bündig. „Und so besonders groß sind Sie auch nicht!“ fügte er hinzu.

Jean Valjean suchte in seiner Tasche und holte ein Fünffrancstück hervor.

Aber der Junge, in Bewegungen und Gedanken flink wie eine Bachstelze, hatte schon einen Stein aufgehoben. Er zielte auf eine Laterne. „Ach“, sagte er, „ihr habt ja hier noch eure Laternen! Ihr macht nicht mit, meine Freunde, das ist eine Schlamperei. Wie darf heute eine Laterne heil bleiben!“ Und warf den Stein in die Laterne. Die Scheibe prasselte mit Getöse auf das Pflaster, daß die Bürger, die im Hause gegenüber hinter den Vorhängen kauerten, schrien: „Wie 1793!“

Die Laterne wackelte heftig und erlosch. Die Straße war plötzlich schwarz.

„Alte Straße“, rief Gavroche befriedigt, „setzt sie ihre Nachtmütze auf.“

Dann sagte er zu Jean Valjean: „Wie heißt das riesige Gebäude dort an der Ecke? Archiv, nicht? Ihr solltet mir ein bißchen die dicken dummen Säulen knacken helfen – für eine Barrikade!"

Jean Valjean trat ganz nahe an Gavroche heran. „Armer Kerl", sagte er leise, „er hat Hunger." Und er drückte ihm die fünf Francs in die Hand.

Gavroche hob die Nase, denn er war über die Größe des Geldstückes sehr erstaunt. Er betrachtete es in der Dunkelheit, das weiße Metall blendete ihn. Fünffrancstücke kannte er nur vom Hörensagen. Ihr guter Ruf war ihm angenehm; er war entzückt, eins davon so vor sich zu sehen. Er sagte: „Schau mal einer den Tiger an!" Dann, majestätisch, zu Jean Valjean: „Bürger, lieber zerschmeiße ich Laternen. Nehmen Sie Ihr wildes Tier zurück! Ich lasse mich nicht bestechen. Das Vieh hat fünf Klauen, aber es kann mich nicht zerkratzen!"

„Hast du eine Mutter?" fragte Jean Valjean.

Gavroche antwortete: „Vielleicht mehr als Sie."

„Dann", entgegnete Jean Valjean, „behalt das Geld für deine Mutter."

Die Worte stimmten Gavroche weich. Übrigens fiel ihm auf, daß der Mann, der mit ihm sprach, keinen Hut trug, und dieser Umstand flößte ihm Vertrauen ein. „Also", sagte er, „Sie wollen mich nicht hindern, Laternen zu zerschmeißen?"

„Zerschmeiße, so viele du willst!"

„Sie sind ein wackerer Mann", sagte Gavroche. Und er steckte das Fünffrancstück in eine seiner Taschen.

Da sein Vertrauen wuchs, forschte er: „Wohnen Sie hier in der Straße?"

„Ja, warum?"

„Könnten Sie mir die Nummer sieben zeigen?"

„Was willst du mit der Nummer sieben?"

Der Junge zauderte; er fürchtete, zuviel gesagt zu haben, fuhr sich energisch mit den Nägeln in die Haare und beschränkte sich auf die Antwort: „Na so."

Jean Valjean bemerkte das Papier in Gavroches Hand. Darum fragte er: „Bringst du den Brief, den wir erwarten?"

„Für Sie ist der nicht", sagte Gavroche. „Sie sind doch keine Frau!"

„Der Brief ist für Fräulein Cosette, nicht wahr?"

„Cosette? Ich glaube, ja, das ist der Name."

„Nun", sagte Jean Valjean, „also ist der Brief für uns. Gib her!"

„Dann wissen Sie wohl, daß ich von der Barrikade geschickt werde?"

„Natürlich", sagte Jean Valjean.

Gavroche grüßte militärisch. „Respekt vor der Depesche", sagte er, „sie kommt von der Provisorischen Regierung."

„Gib her!" wiederholte Jean Valjean.

Gavroche schwang das Papier über dem Kopf. „Bilden Sie sich nicht ein, es wäre ein Liebesbrief! Er ist für eine Frau, aber er ist für das Volk. Wir kämpfen, und wir achten das zarte Geschlecht. Wir sind nicht wie die feinen Leute."

„Gib!"

„Eigentlich“, sagte Gavroche, „sehen Sie wie ein anständiger Mann aus.“

„Gib rasch!“

„Da.“ Und reichte Jean Valjean das Papier.

„Wohin“, fragte Jean Valjean, „soll die Antwort gebracht werden?“

„Der Brief kommt von der Barrikade in der Rue de la Chanvrerie, und ich muß wieder hin. Guten Abend, Bürger!“ So ging oder vielmehr flog er, der entwischte Vogel, zu dem Ort zurück, von dem er ausgesandt worden war. Mit dem Tempo eines Geschosses tauchte er in das Dunkel.

Die kleine Rue de l'Homme-Armé wurde wieder still und einsam. Im Nu hatte der Nebeldunst zwischen den Reihen schwarzer Häuser das Kind verschluckt. Man hätte annehmen können, es sei zerstoben, wenn nicht wenige Minuten später die empörten Bürger durch das Klirren von zertrümmertem Glas und dem herrlichen Getöse einer auf das Pflaster stürzenden Laterne aufs neue geweckt worden wären. Das waren die Spuren, die Gavroche hinterließ, als er durch die Straßen trabte.

DIE LAGE VERSCHLIMMERT SICH

Rasch nahm das Tageslicht zu. Aber kein Fenster, keine Tür öffnete sich; der Tag brachte das Morgenrot, nicht das Erwachen.

Die Straße hinter der Barrikade war während der Nacht von den Truppen geräumt worden. Auch jetzt noch lag sie frei und bot sich dem Blick in finsterer Ruhe dar. Kein lebendes Wesen an den Kreuzungen, die ein Abglanz der Sonne weiß färbte. Nichts ist trauriger als öde Straßen in beginnender Helligkeit.

Man sah nichts, aber man hörte. Nicht fern der Barrikade entstand eine geheimnisvolle Bewegung. Offenbar nahte der kritische Augenblick.

Wie am Abend, zogen sich die Wachposten zurück, aber diesmal alle. Die große Barrikade war widerstandsfähiger als beim ersten Angriff. Die Rebellen hatten sie noch erhöht. Und auf den Rat des Postens hin, der die Gegend um die Markthalle beobachtete, hatte Enjolras auch die letzte Stelle, die frei geblieben war, verbarrikadieren lassen. So war die Stellung nach allen Seiten hin vermauert, und sie war in Wirklichkeit fast unerstürmbar. Allerdings waren die Rebellen jetzt auch auf recht fatale Weise eingesperrt. „Eine Festung, aber eine Mausefalle", sagte Courfeyrac lächelnd.

Tiefe Stille herrschte jetzt auf der Seite, von wo die Angreifer kommen mußten. Enjolras befahl, wieder Kampfstellung zu beziehen. Zuvor noch wurde eine Ration Schnaps ausgeteilt.

Nichts ist seltsamer als eine Barrikade, die sich gegen einen Angriff rüstet. Wie im Theater wählt jeder seinen Platz. Man lehnt sich aneinander. Ellbogen an Ellbogen, Schulter an Schulter. Mancher baut sich aus Steinen einen Stuhl. Hier ist ein lästiger Mauerwinkel; man rückt weg. Hier ist ein Vorsprung, der von Nutzen sein kann; man schützt sich durch ihn. Die Linkshänder sind begehrt, sie nehmen die Plätze ein, die andere unbequem finden. Viele lassen sich so nieder, daß sie im Sitzen kämpfen können. Man will behaglich töten und sterben.

Sobald der Kommandant die Vorbereitung zum Kampf befohlen hat, hören alle ungeordneten Bewegungen auf. Keine Reiberei mehr, keine Unterhaltung, keine Selbstgespräche, keine Gruppe abgesondert, alles schließt sich zusammen und erwartet den Angriff. Eine Barrikade vor der Gefahr ist Chaos, in der Gefahr Disziplin. Gefahr schafft Ordnung.

Als Enjolras mit seinem Doppelkarabiner an die Schießscharte trat, die er für sich reserviert hatte, schwiegen alle. Leises, trockenes Knistern kroch regellos die Steinmauer entlang. Es kam von den Gewehren, die geladen wurden. Wie gestern abend war die Aufmerksamkeit aller dem im Frühlicht sichtbaren Straßenende zugekehrt.

Sie brauchten nicht lange zu warten. Bald erhob sich draußen Lärm, aber er glich nicht der Bewegung beim ersten Angriff. Ein Geklapper von Ketten, das beunruhigende Rütteln schwerer Fracht, ein Klirren von Erz, das über das Pflaster springt – ein beinahe feierliches Getöse kündigte an, daß eine unheilvolle Eisenmasse nahte.

Die alte friedliche Straße erbebte von innen her. Wild starrten die Augen der Kämpfer zu den Häusern am Ausgang der Straße.

Ein Geschütz fuhr auf. Die Kanoniere schoben es zurecht. Es war schußfertig. Zwei Soldaten stützten die Lafette, vier standen bei den Rädern, andere folgten mit dem Munitionswagen.

Die Rebellen sahen, daß die angezündete Lunte rauchte.

„Feuer!" schrie Enjolras.

Die Barrikade feuerte, das Krachen war schrecklich. Eine Rauchlawine nebelte Geschütz und Mannschaft ein. Nach Sekunden verzog sich die Wolke; die Kanone und die Männer, die sie bedienten, erschienen abermals. Langsam rollten sie das Geschütz vor die Barrikade, korrekt, ohne sich zu beeilen. Nicht einer war getroffen.

Dann begann der Feuerwerker, sich auf sein Ziel einzurichten. Das tat er mit der Würde eines Astronomen, der ein Fernrohr einstellt.

„Bravo, Kanoniere!" schrie Bossuet. Und die ganze Barrikade klatschte.

Nun war das Geschütz inmitten der Straße aufgepflanzt. Ein furchtbarer Rachen öffnete sich nach der Barrikade.

„Hallo, ist das lustig", rief Courfeyrac, „jetzt werden sie brutal! Erst der Nasenstüber, dann der Fausthieb. Die Regierung streckt ihre dicke Pfote nach dem Volke aus. Die Barrikade wird ernsthaft geschüttelt werden. Die Flintensalve tastet, die Kanone packt zu."

„Ladet die Gewehre!" befahl Enjolras.

Wie wird die Verkleidung der Barrikade die Kugel empfangen? Wird der Schuß eine Bresche schlagen? Das war die Frage. Indes die Aufrührer ihre Gewehre luden, luden die Artilleristen die Kanone. Die Angst saß tief in der Schanze.

Der Schuß war abgefeuert, es krachte.

„Hier!" schrie eine fröhliche Stimme. Eben, als die

Kugel auf die Barrikade klatschte, war Gavroche zurückgekehrt von seinem Botengang und in die Festung gesprungen.

Gavroche hinterließ größere Wirkung in der Barrikade als die Kugel. Die hatte sich in Gerümpel und Schutt verloren und höchstens ein Rad des Omnibusses zerbrochen oder dem alten Karren den Rest gegeben. Die Männer lachten, als sie es sahen.

„Weitermachen", schrie Bossuet zu den Artilleristen hinunter.

DIE MATRATZE

Man umringte Gavroche. Aber er hatte keine Zeit, zu berichten.

Marius nahm ihn erschauernd beiseite. „Was willst du hier?"

„Na, na", sagte der Junge, „und Sie?" Dreist, mit naiver Unverschämtheit, blickte er Marius an. Ein stolzes Leuchten vergrößerte seine Augen.

Marius fragte in strengem Ton: „Wer hat dir gesagt, daß du wiederkommen sollst? Hast du wenigstens meinen Brief an die richtige Adresse geliefert?"

Immerhin verspürte Gavroche wegen des Briefes einige Gewissensbisse. In seinem Wunsch, möglichst schnell nach der Barrikade zurückzukehren, hatte er sich das Schreiben eher vom Halse geschafft als es übergeben. Er mußte sich gestehen, daß er es etwas leichtfertig einem ihm Unbekannten anvertraut hatte, von dem er nicht einmal das Gesicht genau hatte erkennen können. Zwar war der Mann barhäuptig gewesen, aber das genügte nicht. Kurz und gut, er machte sich selber Vorwürfe und fürchtete zusätzliche Vorwürfe von Marius. Deshalb wählte er den einfachsten Weg: er log. „Bürger, ich habe den Brief beim Portier abgegeben. Die Dame schlief. Sie wird ihn kriegen, wenn sie aufwacht“, erzählte er Marius.

Zweierlei hatte Marius bezweckt, als er den Brief abschickte: Cosette Lebewohl zu sagen und Gavroche zu retten. Nun mußte er mit der Hälfte seiner Absichten zufrieden sein.

Indes war Gavroche entwischt.

Er schrie: „Mein Gewehr.“

Combeferre reichte es ihm.

Gavroche meldete den Kameraden, wie er die Kämpfer nannte, die Barrikade sei umzingelt. Es habe List gekostet, hereinzukommen. Ein Bataillon Linieninfanterie, dessen Gewehrpyramiden er gesehen habe, beobachte die eine Seite. Auf der entgegengesetzten Seite stehe Nationalgarde. Gerade vor sich hatten sie das Gros der Armee. Seiner Auskunft fügte Gavroche hinzu: „Ich ermächtige euch, ihnen in die Fresse zu hauen.“

Enjolras hatte seinen Ausguck nicht verlassen. Die Angreifer waren mit dem Kanonenschuß zweifellos wenig zufrieden und hatten ihn nicht wiederholt. Eine Kompanie Linieninfanterie war hinter dem Geschütz aufmarschiert. Die Soldaten hoben das Pflaster aus und führten gegenüber der Barrikade eine kleine, niedrige Mauer auf, eine Art Schulterwehr von nicht mehr als achtzehn Zoll Höhe. An der linken Ecke der Mauer sah man die vorderen Reihen eines Bataillons Infanterie, das in einer Nebenstraße lag.

Der lauernde Enjolras glaubte das eigentümliche Geräusch wahrzunehmen, das entsteht, wenn aus einem Versorgungswagen Kisten mit Kartätschengeschossen herausgeholt werden. Er sah auch, wie der Feuerwerker die Zielrichtung änderte und die Mündung der Kanone ein wenig nach links neigte. Dann luden die Kanoniere das Geschütz. Der Feuerwerker ergriff die Lunte...

„Köpfe runter, dicht an die Mauer!" schrie Enjolras, „alle der Barrikade entlang auf die Knie!"

Die Aufständischen, die vor der Schenke standen, und diejenigen, die ihre Kampfstellung verlassen hatten, als Gavroche kam, drängten zur Barrikade. Aber bevor die Order befolgt werden konnte, hatte sich der Schuß mit dem entsetzlichen Röcheln entladen, der eine Kartätschensalve begleitet. Die Artilleristen hatten ihn direkt auf das Schlupfloch in der Schanze gelenkt; er war von der Mauer abgeprallt, und dieses furchtbare Zurückprallen hatte zwei Tote und drei Verwundete zur Folge. Wenn es so weiterging, war die Barrikade nicht lange mehr zu halten. Die Kartätschengeschosse schlugen durch.

„Verhindern wir den zweiten Schuß", sagte Enjolras. Und er senkte seinen Karabiner und zielte auf den Feuerwerker. Der beugte sich gerade über den Stoßboden der Kanone, um die Einstellung zu verbessern und endgültig zu richten. Der Feuerwerker war ein hübscher Artillerieunteroffizier, sehr jung, blond, mit soviel Klugheit in seinem sanften Gesicht, wie sie für die furchtbare Waffe, die er bediente, erforderlich ist, die, in ihrem Grauen sich immer steigernd, einmal den Krieg töten muß.

Combeferre, der neben Enjolras stand, betrachtete den jungen Mann. „Schade um den", sagte er, „wie scheußlich ist so ein Gemetzel! Nun, wenn es keine Könige mehr gibt, hören auch die Kriege auf. Enjolras, du zielst nach dem Sergeanten, du siehst ihn dir nicht an. Beachte, daß er ein reizender junger Mann ist, unverzagt, man sieht, daß er denkt. Sie sind gebildet, die jungen Artilleristen. Er hat einen Vater, eine Mutter, eine Familie, er liebt wahrscheinlich. Er ist nicht über fünfundzwanzig Jahre, er könnte dein Bruder sein."

„Er ist es", sagte Enjolras.

„Ja", fuhr Combeferre fort, „und meiner auch. Also wollen wir ihn nicht morden."

„Laß mich! Was sein muß, muß sein." Und eine Träne glitt langsam über die marmorblasse Wange von Enjolras. Zugleich drückte er den Hahn seines Karabiners ab. Der Blitz zuckte auf.

Der Artillerist drehte sich zweimal um sich selbst, die Arme ausgestreckt, den Kopf erhoben, als wollte er Luft holen. Dann fiel er gegen das Geschütz und blieb reglos liegen. Man sah, wie aus seinem Rücken ein Blutstrahl steil hervorschoß. Die Kugel hatte ihm die Brust durchbohrt.

Man mußte ihn wegtragen und ersetzen. Einige Minuten waren gewonnen.

In der Barrikade war man geteilter Meinung. Die Kanone würde wieder feuern. Gegen Kartätschenladungen hatten sie nur eine Viertelstunde Munition. Es war unbedingt nötig, die Wirkung der Schüsse abzuschwächen.

Enjolras schrie: „Eine Matratze muß her!“

„Wir haben nur eine“, sagte Combeferre, „die Verwundeten liegen drauf.“

Jean Valjean, der Ziehvater Cosettes, der Gavroche zur Barrikade gefolgt war, saß abseits im Winkel der Schenke auf einem Prellstein, das Gewehr zwischen den Beinen. Auf den Befehl von Enjolras erhob er sich.

Als die Schar der Aufständischen in die Straße eingezogen war, hatte eine alte Frau, die den Kugelregen fürchtete, eine Matratze vor ihr Fenster gehängt. Es war das Fenster einer Dachkammer in einem vierstöckigen Haus, das ein wenig außerhalb der Barrikade stand. Die Matratze war quer angebracht und lag mit dem unteren Rand auf zwei Stangen, die gewöhnlich zum Wäschetrocknen dienen mochten. Nach oben war sie von zwei Stricken festgehalten, die die Frau an Nägeln im Gesims der Mansarde festgeknüpft hatte. Gegen den Himmel sah man die beiden Stricke deutlich wie Haare.

„Gibt mir jemand einen Karabiner, einen Doppellader?“ fragte Jean Valjean.

Enjolras, der wieder geladen hatte, reichte ihm sein Gewehr.

Jean Valjean zielte nach der Mansarde und schoß. Ein Strick riß. Die Matratze pendelte an einem Faden.

Jean Valjean gab noch einen Schuß ab. Der zweite Strick peitschte die Scheibe des Mansardenfensters. Die Matratze rutschte zwischen den Stangen hindurch und fiel auf die Straße.

Die Barrikade klatschte. Alle schrien: „Da ist eine Matratze!"

„Ja", sagte Combeferre, „aber wer holt sie?"

Die Matratze war zwischen Angegriffenen und Angreifern niedergefallen, und der Tod des Artilleriesergeanten hatte die Truppe erbittert. Die Soldaten hatten sich hinter ihrer Schulterwehr auf den Bauch geworfen und das Feuer auf die Barrikade eröffnet. So sprangen sie für das erzwungene Versagen des Geschützes ein, das seinen Dienst nicht sofort wieder aufnehmen konnte und vorerst stumm bleiben mußte. Um Munition zu sparen, beantworteten die Aufständischen die Musketensalven nicht. Das Gewehrfeuer brach sich an der Barrikade. Aber auf der Straße, die mit Kugeln überschüttet wurde, war es zum Fürchten.

Der Gefahren nicht achtend, kroch Jean Valjean durch das Schlupfloch, trat hinaus auf die Straße, durchquerte den Kugelregen, war mit wenigen Schritten bei der Matratze, hob sie an, packte sie sich auf den Rücken und kehrte hinter die Barrikade zurück. Er stopfte die Matratze gleich selber in das Schlupfloch und befestigte sie so an der Mauer, daß die Artilleristen sie nicht sehen konnten.

Sie erwarteten die Kartätschenladung. Nicht lange mehr dauerte es, da spie die Kanone brüllend ihren Schrothaufen aus. Aber es fehlte der Rückprall. Die

Geschosse entluden sich vorzeitig an der Matratze. Es ging nach Wunsch. Die Barrikade war vor der Zerstörung bewahrt.

„Bürger", sagte Enjolras zu Jean Valjean, „die Republik dankt Ihnen."

Bossuet bewunderte Jean Valjean, lachte und rief: „Es geht einem eigentlich gegen den Strich, daß eine Matratze solche Macht hat: Triumph des Nachgiebigen über etwas, das wie der Blitz zerschmettert. Aber gleichviel, es lebe die Matratze, die eine Kanone entschärft!"

EINE KUGEL

Courfeyrac hockte neben Enjolras und schimpfte nach wie vor auf die Kanone. Sooft eine dunkle Wolke von Geschossen mit ungeheurem Krachen heranschwirrte, begrüßte er sie giftig: „Dir wird die Lunge bersten, du alter brutaler Kerl! Aber siehst du, all dein Spektakeln ist umsonst. Ist ja kein Donner, ist ein Gehuste!"

Und ringsum wurde gelacht, für jeden Spaß waren die Kämpfer dankbar.

Courfeyracs und Bossuets Laune besserte sich zusehends mit der wachsenden Gefahr, Bossuet lachte noch, als Courfeyrac erneut schrie: „Da, wieder eine!" Und im Tonfall eines Gerichtsdieners, der den nächsten Prozeß ausruft, fügte er hinzu: „Ich bin die Achtpfünderkanone!"

Inzwischen war ein zweites feuerspeiendes Monstrum auf den Schauplatz geschoben worden. Die Artilleristen veranstalteten rasch die vorgeschriebene Schwenkung und stellten das Geschütz neben dem ersten auf.

Wenig später schossen beide Kanonen eifrig bedient gegen die Front der Schanze. Das Feuer der Linieninfanterie und der Nationalgarde unterstützte die Artillerie. Die Kanonen ließen ihre Stimmen unheilvoll hallen. Das Gebell der dunklen Kriegshunde gab sich gegenseitig Antwort.

Von den beiden Geschützen spie die eine Kartätschenladungen, die zweite Kugeln. Die zweite war etwas höher gerichtet und ihre Schußkurve so berechnet, daß die Kugeln den oberen Rand der Barrikade erreichten, ihn anrissen, die Steine zerbröckelten und Eisensplitter und Steine über die Aufständischen schütteten. Die Kämpfer sollten von der Schanze vertrieben und gezwungen werden, sich im Innern zusammenzukauern. Das war die Vorbereitung zum Sturm. Waren die Aufständischen erst durch die Kugeln von der Barrikade und durch den Eisenhagel von den Fenstern der Schenke verjagt, dann konnten Angriffskolonnen in der Straße vorrücken, ohne aufs Korn genommen und vielleicht gar ohne gesehen zu werden. In Eile konnten sie dann die Schanze erklettern, wie gestern abend, und, wer weiß, sie überraschend erstürmen.

„Sorgt dafür, daß die Kanonen nicht zu fleißig sind", sagte Enjolras, und er rief: „Feuer auf die Artilleristen."

Alle waren schußbereit. Die Barrikade, die so lange geschwiegen hatte, eröffnete ein heftiges Feuer. In Wut und Freude folgten aufeinander sieben oder acht Salven.

Dichter Rauch, der die Augen blind macht, füllte die Straße, und nach wenigen Minuten konnte man durch die flammengefurchten Nebelschwaden undeutlich sehen, daß zwei Drittel der Artilleristen unter den Rädern der Kanonen lagen. Die noch standen, bedienten die Geschütze wie zuvor in strenger Ruhe, aber die Schüsse kamen in langsamerer Folge.

„Siehe da, es geht“, sagte Bossuet zu Enjolras. „Ein Sieg.“

Enjolras schüttelte den Kopf und erwiderte: „Noch eine Viertelstunde solcher Siege, und wir haben in der Barrikade keine zehn Patronen mehr.“

Diese Worte mußte Gavroche gehört haben.

Plötzlich bemerkte Courfeyrac, daß ein Mensch vor der Barrikade hockte, auf der Straße draußen, im dichten Kugelregen.

Gavroche hatte sich mit einem Flaschenkorb aus der Schenke versehen und war durch das Schlupfloch auf die Straße hinausgetreten. Nun saß er friedlich da und entleerte die Patronentaschen der gefallenen Nationalgardisten in seinen Korb.

„Was machst du?“ fragte Courfeyrac.

Gavroche hob die Nase. „Ich fülle meinen Korb.“

„Siehst du nicht, daß sie mit Kartätschen feuern?“

Gavroche erwiderte: „Ja, es regnet. Na und?“

Courfeyrac rief: „Komm sofort herein!“

„Gleich“, sagte Gavroche. Und sprang mit einem Satz weiter.

Die Kompanie der Angreifer hatte bei ihrem Rückzug einen breiten Streifen Leichen hinterlassen. Etwa zwanzig Tote lagen über das Pflaster verstreut. Für Gavroche bedeutete das gegen zwanzig Patronentaschen, das heißt neuen Vorrat für die Verteidigung der Barrikade.

Wie dichter Nebel schwebte der Qualm über der Straße. Wer einmal eine Wolke gesehen hat, die zwischen zwei steilen Abhängen in einer Gebirgsschlucht liegt, kann sich ein Bild von den Rauchmassen machen, die zwischen den Reihen düsterer Häuser zusammengeballt waren. Langsam stiegen die Schwaden auf, aber ständig erneuerten sie sich.

So schmal die Straße war, vermochten die Kämpfer vom einen Ende der Barrikade ihre Kameraden auf der anderen Seite kaum zu unterscheiden. Dieses Dunkel, das die Offiziere zur Vorbereitung des Sturms wahrscheinlich mit Absicht und Berechnung über dic Barrikade verhängen ließen, nützte Gavroche. In seinem Schutz konnte er sich – zumal er ein so kleiner Knirps war – ziemlich weit wagen, ohne gesehen zu werden. Er plünderte die sieben oder acht nächsten Patronentaschen. Er kroch auf dem Bauch, galoppierte auf den vier Pfoten, faßte seinen Korb mit den Zähnen, glitt, wand, schlängelte sich von einem Toten zum anderen und leerte die Patronentasche oder die Patronenbüchse wie ein Affe, der eine Nuß öffnet. Aus Furcht, die Aufmerksamkeit auf ihn zu lenken, getrauten sich die von der Barrikade nicht, ihn zur Umkehr zu mahnen.

Bei einem Leichnam – es war ein Korporal – fand Gavroche ein Pulverhorn. „Gegen den Durst", sagte er und schob es in die Tasche.

Im Eifer entfernte er sich immer mehr und gelangte so in den Teil der Straße, wo der Nebel dünn wurde.

Plötzlich bemerkten die Linieninfanteristen hinter der Schulterwehr und die Soldaten, die an der Straßenecke Stellung bezogen hatten, daß sich im Rauch etwas bewegte.

Als Gavroche eben einem Sergeanten die Patronen abnahm, traf eine Kugel die Leiche. „Verdammt", sagte Gavroche, „die schießen mir meine Toten tot!" Eine zweite Kugel schlug Funken aus dem Pflaster neben dem Kind. Eine dritte warf den Korb um.

Gavroche schaute auf und stellte fest, woher die Kugel gekommen war. Dann streckte er sich; der Wind erfaßte sein Haar. Er stemmte die Hände in die Hüften, starrte auf die schießenden Nationalgardisten und sang:

„Man ist sehr häßlich in Nanterre,
doch schuld daran ist nur Voltaire.
Und blöde ist ganz Palaisseau,
doch schuld daran ist nur Rousseau."

Er hob seinen Korb auf, sammelte wieder sorgfältig die Patronen hinein, die herausgefallen waren, lief dem Gewehrgeknatter entgegen und begann eine andere Patronentasche auszurauben.

Eine vierte Kugel verfehlte ihn wieder. Gavroche sang:

„Nie träumt ich, daß Notar ich wär,
doch schuld daran ist nur Voltaire.
Ich bin ein Piepmatz, klein und froh,
doch schuld daran ist nur Rousseau."

Eine fünfte Kugel konnte ihm nichts als die dritte Strophe entlocken:

„Ich lebe frei von ungefähr,
doch schuld daran ist nur Voltaire.
Ich schlafe in des Elends Stroh,
doch schuld daran ist nur Rousseau."

Das ging so einige Zeit fort. Das Schauspiel war beängstigend und reizvoll. Gavroche wurde beschossen und foppte die Schützen. Er schien sich köstlich zu amüsieren. Er war wie der Sperling, der die Jäger mit dem Schnabel hackt. Jede Salve beantwortete er mit einer Strophe. Man zielte auf ihn, regelmäßig schoß man vorbei.

Die Nationalgardisten und die Soldaten legten auf ihn an und lachten dabei. Gavroche duckte sich, richtete sich auf, verschwand, kam zurück, rettete sich, antwortete auf die Kartätschengeschosse, indem er lange Nasen drehte, und zwischendurch plünderte er die Patronenbüchsen, leerte die Patronentaschen und füllte seinen Korb.

Die Aufständischen, vor Angst um ihn keuchend, verfolgten ihn mit den Blicken. Die Barrikade zitterte – er sang. Er war kein Kind und kein Mann; er war eine seltsame, jungenhafte Fee, der unverwundbare Zwerg in der Straßenschlacht. Die Kugeln hüpften ihm nach – er war behender. Er spielte Verstecken mit dem Tod. Sooft das hohle Antlitz des Gespenstes sich näherte, versetzte er ihm einen Nasenstüber.

Eine Kugel indes, besser gelenkt oder heimtückischer

als die anderen, traf das irrlichternde Kind. Man sah Gavroche taumeln, stürzen. Die ganze Barrikade schrie auf.

Aber in diesem Zwerg steckte ein Antäus. Die Berührung mit dem Pflaster schien für den Jungen dasselbe wie für den Riesen die Berührung mit der Erde. Gavroche war nur gefallen, um sich wieder aufzuschwingen. Halb stand er und halb saß er, ein langer Blutfaden rann ihm über das Gesicht. Er hob die Arme, sah nach der Seite, von wo der Schuß gekommen war, und sang:

„Ich fiel einmal vom Dach parterre,
doch schuld daran ist nur Voltaire,
die Nase hatt ich irgendwo,
doch schuld daran ist nur ...“

Er beendete die Strophe nicht. Eine zweite Kugel vom gleichen Schützen machte ihn stumm. Er schlug mit dem Gesicht auf das Pflaster und rührte sich nicht mehr. Die große Seele eines kleinen Jungen war von hinnen geflogen.

Victor Hugo nannte sich das „Echo des 19. Jahrhunderts“, und das war er in der Tat. Es gab kaum ein politisches Ereignis, auf das er nicht geantwortet hätte. Nie wäre es ihm in den Sinn gekommen, seine Arbeit als Dichter von der Sache seines Volkes zu trennen. Er konnte mit Recht sagen: „Ich schreibe nur mit einer Hand, aber kämpfe mit beiden.“

Er wurde am 26. Februar 1802 in Besançon geboren. Sein Vater, ein republikanisch gesinnter General in der Armee Napoleons, wurde 1809 als Gouverneur zweier Provinzen nach Spanien versetzt und ließ auch seine Familie nachkommen. Aber schon Monate später erhob sich das spanische Volk gegen die französische Fremdherrschaft. Die Familie Hugo mußte nach Paris flüchten.

Die Erziehung durch seine strenggläubig-katholische Mutter und die politischen Verhältnisse in den Jahren der bourbonischen Restauration nach 1815 blieben nicht ohne nachteiligen Einfluß auf die innere Entwicklung des jungen Victor Hugo. Kein Wunder, daß der Zwanzigjährige, dessen erstes literarisches Werk lebhaften Widerhall in konservativen Kreisen gefunden hatte, sich zunächst für „Thron und Altar“ entschied. Ludwig XVIII. bot dem hoffnungsvollen jungen Literaten eine Jahrespension von tausend Franken an. Er hoffte, ihn damit lebenslänglich an den Hof zu fesseln.

Aber Victor Hugo hatte Verstand und wachen Sinn. Er sah die Armut der geknechteten Bauern, war erschüttert von den Bildern des Elends in den Armenvierteln von Saint-Antoine, von der Menge herumlungernder, bettelnder Kinder und Frauen in den Straßen und Hinterhöfen von Paris. Er wußte um die menschenunwürdigen Zustände in den Fabriken, die bei der raschen Entwicklung der Industrie wie Pilze aus dem Boden schossen. All das gab ihm zu denken. Er litt mit den Entrechteten und Ausgebeuteten und konnte sich deshalb mit der bourbonischen Politik in vieler Hinsicht nicht einverstanden erklären.

Nach 1824 hat Victor Hugo erleben müssen, wie unter Karl X. der Einfluß reaktionärer, vor allem jesuitischer Kreise auf die Regierungspolitik überhand nahm. Die Pressefreiheit wurde aufgehoben, die Deputiertenkammer aufgelöst, das geheime Wahlrecht durch öffentliche Wahlen ersetzt. „Nieder mit den Ministern! Nieder mit den Jesuiten!" forderte das Volk und trat 1830 zum offenen Kampfe an. Victor Hugo stand mit ganzem Herzen auf der Seite der Arbeiter, Kleinbürger und Studenten, die auf den Barrikaden kämpften. Der Ruf nach Freiheit, Gleichheit und Brüderlichkeit war seine eigene Sache geworden.

Wie viele fortschrittlichen Menschen der Zeit setzte der Dichter seine Hoffnung auf den „Bürgerkönig", der 1830 auf Karl X. folgte. Louis Philippe überhäufte den jungen Victor Hugo mit Ehren, er nahm ihn in die französische Akademie auf und ernannte ihn zum Pair und Mitglied des Oberhauses. Trotzdem blieb Hugos Enttäuschung über die Politik des „Königs der Geldsäcke" nicht aus. Die Mißstände waren nach 1830 die gleichen geblieben, ja noch mehr: mit der fortschreitenden Entwicklung des industriellen Kapitalismus verschlechterte sich die Lage der Arbeiter bis zur Unerträglichkeit. Revolutionäre Aufstände, die seit 1831 an Zahl zunahmen, wurden mit Gewalt niedergeschlagen. Als erste hatten sich die hungernden Seidenweber von Lyon erhoben. „Arbeitend leben oder kämpfend sterben!“ war ihre Losung. 1832 kam es in Paris, vor allem in den Arbeitervierteln Saint-Antoine und Saint-Denis, zu heftigen Barrikadenkämpfen. Darüber berichtet Victor Hugo in seinem Roman „Die Elenden“.

Im Februar und Juni 1848 traten Arbeiter, Handwerker und Studenten erneut zum Kampfe an: Bürgerkönig Louis Philippe wurde gestürzt. Victor Hugo wurde Abgeordneter der Stadt Paris und nahm an der Arbeit der Gesetzgebenden Versammlung teil.

Louis Bonaparte, der von der bürgerlichen Gegenrevolution gestützte Neffe Napoleons I., wußte sich durch lügnerische Versprechungen den Wahlsieg zu erschleichen und wurde Präsident der Französischen Republik. Drei Jahre später ernannte er sich als Napoleon III. zum Kaiser von Frankreich und errichtete die Diktatur. Victor Hugo war empört. Er bildete mit anderen Abgeordneten der Nationalversammlung ein Widerstandszentrum, aber das Unternehmen scheiterte. Hugo wurde des Landes verwiesen, floh nach Brüssel und von dort nach England auf die Insel Jersey, von der ihn die Engländer unter Druck der französischen Behörden verjagten. So zog er sich schließlich auf die kleine Kanalinsel Guernsey zurück, wo er in einem

Leuchtturmhaus nahezu zwanzig Jahre seines Lebens verbrachte. Dort schrieb Hugo seine bedeutendsten Werke, die von leidenschaftlichem Protest gegen das Regime Napoleons III. künden. Sie zündeten wie Feuer im Herzen des französischen Volkes. Hier sprach ein Mensch das aus, was Tausende fühlten, erlebten, litten. Hier schreckte ein Dichter vor dem Gedanken der Revolution nicht zurück. „Das letzte Argument des Königs ist die Kugel. Das letzte Argument der Völker ist das Straßenpflaster... Die Könige haben den Tag, die Völker den morgigen Tag."

Die reaktionäre Clique unterdrückte Hugos Schriften, schwieg sie tot. Dennoch fanden sie den Weg nach Frankreich: unter Schuhsohlen versteckt, auf winzigen Zetteln notiert, auswendig gelernt und von Mund zu Mund weitergetragen.

1870 wendete sich ein Blatt in der Geschichte Frankreichs. Die französischen Truppen waren bei Sedan entscheidend geschlagen worden. Napoleon III. konnte den Zusammenbruch seines Reiches nicht aufhalten. Der Aufstand brach aus, das Volk forderte die Errichtung der Republik. Angesichts dieser Ereignisse kehrte der achtundsechzigjährige Victor Hugo schnellstens nach Paris zurück. Sein Einzug in die französische Hauptstadt glich einer Triumphfahrt. In den Straßen drängten sich die Massen und jubelten ihm zu.

1871 wurde Victor Hugo zum zweiten Male Abgeordneter der Nationalversammlung, legte aber sein Mandat in dem bismarckhörigen Parlament bald mit offenem Protest nieder. Im März 1871 wurde die Macht der Bourgeoisie und ihrer verräterischen Regierung durch die proletarischen Revolutionäre gestürzt und mit dem Rat der Kommune zum ersten Male in der Geschichte eine Arbeiterregierung gebildet. Bald aber rechnete die Gegenrevolution aufs grausamste mit den Kommunarden ab. Dreißigtausend wurden erschossen, über vierzigtausend in die Kerker geworfen und aus dem Lande vertrieben. Scharen von Proletariern flüchteten nach Brüssel, wo sich Victor Hugo vorübergehend aufhielt. Er nahm sich der Flüchtlinge an, bot ihnen Obdach und finanzielle Hilfe.

Das genügte, um den Dichter erneut des Landes – diesmal aus Belgien – zu verweisen. Das Leuchtturmhaus auf Guernsey mußte ihm wieder als Zufluchtsstätte dienen.

Erst 1873 kehrte Victor Hugo endgültig nach Frankreich zurück. Dort, in Paris, starb er am 22. Mai 1885. Hunderttausende gaben ihm bei den Klängen der Marseillaise das letzte Geleit. Selten ist ein Dichter von seinem Volke so tief betrauert und geehrt worden wie Victor Hugo. Er wurde im Pantheon neben den Größten des Landes beigesetzt: eine Ehre, die seither noch keinem revolutionären Dichter zuteil geworden war.

Victor Hugo hat ein gewaltiges, vielseitiges Lebenswerk hinterlassen: Romane, Erzählungen, Dramen, Gedichte. Werke wie „Der Glöckner von Notre Dame“, „Die Arbeiter des Meeres“, „Die lachende Maske“, „Siebzehnhundertdreiundneunzig“ haben Hugos Weltruf schon zu seinen Lebzeiten begründet.

Der zweibändige Roman „Die Elenden“, aus dem

hier diejenigen Kapitel ausgewählt und im Zusammenhang wiedergegeben sind, die vom Schicksal des tapferen kleinen Gavroche berichten, ist das umfassendste gesellschaftskritische Werk des Dichters. Es wurde 1845 begonnen und 1862 veröffentlicht. In einem Brief Victor Hugos heißt es: „Das Buch ‚Die Elenden' ist für alle Völker geschrieben. Ich weiß nicht, ob alle es lesen werden, aber ich habe es für alle verfaßt. Die gesellschaftlichen Probleme sind an keine Grenzen gebunden. Die menschlichen Plagen, diese schweren Plagen unseres Erdballs, fallen nicht zusammen mit den blauen oder roten Grenzlinien auf der Landkarte. Überall dort, wo Menschen in Unwissenheit und Verzweiflung leben... überall dort, wo ein Kind leidet, wo ihm die Bücher zum Lernen fehlen und ein Heim, das es erwärmt – überall dort klopft mein Buch an die Türe und spricht: Macht mir auf, ich bin zu euch gekommen... Seit den Zeiten, da der Geschichtsschreiber anfing, die menschliche Geschichte aufzuschreiben, und der Philosoph begann, über sie nachzudenken, trägt die Menschheit das Kleid des Elends. Der Augenblick soll endlich gekommen sein, diese Lumpen abzustreifen und die nackten Glieder des Menschen und des Volkes statt mit den traurigen Hüllen der Vergangenheit nun mit dem Purpurgewand der Morgenröte zu bekleiden."

Im Mittelpunkt des Romans „Die Elenden" stehen die Barrikadenkämpfe des Jahres 1832 in Paris. Hier, im Arbeiterviertel Saint-Antoine, konzentrierte sich die Kraft der revolutionären Bewegung, die durch geheime Verbände organisiert und geführt wurde.

Hugo schildert uns großartige Beispiele von Heldenmut unter den Straßenkämpfern von Paris. Man denke an den achtzigjährigen Greis, der im Gewehrfeuer auf die Barrikaden steigt, um die von einer Salve niedergerissene rote Fahne, das Wahrzeichen der Revolution, wieder aufzurichten. Ausgehungerte, zerlumpte, spärlich ausgerüstete Männer kämpfen unter Einsatz ihres Lebens. Bis zum letzten Schuß kämpfen sie gegen die erdrückende Übermacht der Nationalgardisten.

Vor dem breit angelegten politisch-geschichtlichen Hintergrund erhebt sich die Hauptgestalt des Romans: Jean Valjean, ehemaliger Galeerensträfling, der in seiner Jugend ein Brot stahl und wegen dieser geringfügigen Schuld ein grausames Schicksal auf sich nehmen muß. Dieser Umhergetriebene ist in Wirklichkeit kein Verbrecher, sondern ein guter Mensch.

Eine wichtige Rolle spielt der junge Marius, Sohn eines napoleonischen Offiziers, der bei einer reichen Tante aufwuchs. Er wurde zum Haß gegen republikanische Ideen erzogen, aber als Student kommt er mit fortschrittlichen Menschen in Berührung, wird begeisterter Republikaner und einer der führenden Männer auf den Barrikaden von Saint-Antoine. Seine Geliebte Cosette hat eine unglückliche Kindheit im Hause der Familie Thénardier verlebt, wo sie als Pflegetochter aufgenommen, aber als billige Arbeitskraft ausgenutzt wurde. Die Thénardiers – einst Besitzer einer kleinen Schenke, jetzt bankrott und heruntergekommen – spielen auch in anderer Hinsicht eine nicht unwesentliche Rolle. Sie, die Eltern des kleinen Gavroche, sind dunkle

Existenzen, die wegen ihrer unsauberen Geschäfte schließlich im Zuchthaus landen. Frau Thénardier verhätschelt ihre Töchter, die Jungen haßt sie. Er kennt nur Schläge und böse Worte. Gavroche zieht es vor, das Haus seiner Eltern zu meiden, er treibt sich Tag und Nacht auf der Straße herum, bettelt ein wenig, um nicht zu verhungern, stiehlt ein wenig, bleibt aber immer ein liebenswerter Bengel. Frohgemut wie ein zwitschernder Vogel hüpft er durchs Leben, bis er – ein Lied auf den Lippen – beim Kugelregen der Barrikadenschlacht in den Tod geht.

Dr. Edith Zenker

Antäus	ein Riese in der griechischen Sage
d'Aubigny (d'Aubigné), Agrippa	streitbarer Hugenott und Schriftsteller (1552–1630). Parteigänger König Heinrichs IV. von Frankreich, den er in seinen Bestrebungen, das Volk zu einigen und eine starke Zentralmacht zu schaffen, unterstützte
Austerlitz	(tschech. Slavkow) kleine Stadt bei Brünn; Dreikaiserschlacht 1805, in der Napoleon I. die Armeen des russischen Zaren und des deutschen Kaisers schlug
Bastille	Pariser Staatsgefängnis
betimpeln	(aus der Gaunersprache) an der Nase herumführen
Brutus	Haupt der Verschwörung gegen den römischen Kaiser Julius Cäsar
Champs-Elysées	Prachtstraße und Stadtteil von Paris
Corneille, Pierre	der erste bedeutende französische Dramendichter (1606–1684)
Dante	bedeutender italienischer Dichter (1265–1329)
Flebbe	(aus der Gaunersprache) Ausweispapier
Force	Zuchthaus in Paris
Franc	französische Währungseinheit
Fourier, Charles	französischer utopischer Sozialist (1772–1837)
Friedland	kleiner Ort in Ostpreußen; Sieg Napoleons I. über die russische Armee
Gavroche	Spitzname; Bedeutung: witziger und spottsüchtiger Pariser Straßenjunge
gefinkelt	(aus der Gaunersprache) schlau, gewitzt
Grève	Grèveplatz; bis 1830 Richtstätte in Paris, seither Versammlungsplatz
Gespenst von 1793	die radikalste Partei der französischen bürgerlichen Revolution waren die Jakobiner. Sie setzten die Hinrichtung Ludwigs XVI. (1793) durch, der insgeheim mit ausländischen Staaten Verbindung aufgenommen hatte, um die Revolution niederzuschlagen. Während England, Rußland, Österreich und Preußen von außen Frankreich bedrohten, brachen im Innern des Landes konterrevolutionäre Aufstände aus. Nun begannen die Jakobiner, die Feinde der Revolution und die, die ihnen verdächtig schienen, mit allen Mitteln revolutionärer Gewalt zu vernichten. Von der reaktionären Geschichtsschreibung wird diese Zeit als „Schreckensherrschaft der Jakobiner" bezeichnet
Inglischmän	Engländer
Jesaja (s)	unter diesem Verfassernamen ist ein Teil der alttestamentarischen Bibel überliefert
Jena	Sieg Napoleons I. bei Jena und Auerstädt über die Preußen (14. Oktober 1807)
Juvenal	römischer Satirendichter (58–138 n. d. Z.)
Kalfaktor	ein Gefangener, der mit Diensten im Gefängnis betraut wird; häufig als Aushorcher benutzt
Königin auf dem Karren	Marie-Antoinette, Gemahlin Ludwigs XVI.; wurde 1793 auf dem Karren zur Hinrichtung gefahren
Konvent	französische Volksvertretung (1792–1795)
Lafette	zweirädriger Geschützwagen; Fahrgerüst für die Geschützrohre
Lamarque	Graf Lamarque, General der französischen Republik (1770 bis 1832)
Latichten	(aus der Gaunersprache) Lichter
Lötzen	bei dem Rückzug der französischen Truppen aus Rußland (1812) wurde Lötzen in Ostpreußen berührt
Madelonnettes	Besserungsanstalt für Mädchen in Paris
Marengo	Stadt in Oberitalien; Sieg Napoleons I. über die Österreicher (14. Juli 1800)
Marsfeld	Platz in Paris
Marseillaise	französische Nationalhymne seit der Revolution von 1789
Mauke	Hautkrankheit an den Füßen von Pferden und Rindern
Menschenrechte	einer der Grundbegriffe bürgerlicher Politik seit ihren Anfängen; beinhaltet das Recht jedes Menschen auf Freiheit, Eigentum, Sicherheit und Widerstand gegen Unterdrückung. Das erstemal wurden die Menschenrechte verkündet während der englischen bürgerlichen Revolution und im Jahre 1689 in der „Bill of Rights" (Gesetz der Rechte) manifestiert, genau hundert Jahre später ein weiteres Mal in der französischen bürgerlichen Revolution von 1789 in der „Déclaration des droits de l'homme et du citoyen" (Erklärung der Menschen- und Bürgerrechte). Formuliert wurden die Menschenrechte im Kampf gegen die Anmaßung der Kirche und die Despotie des Adels von den Philosophen und Ideologen des aufsteigenden Bürgertums. Heute werden die Grundsätze des Menschenrechtes von der bürgerlichen Propaganda gegen den gesellschaftlichen Fortschritt mißbraucht

Napoleon	unter Napoleon I. und III. geprägte französische Goldmünzen mit den Bildnissen der Herrscher
Pantheon	ursprünglich Kirche in Paris; seit 1791 Ehrentempel zur Beisetzung und zum Gedächtnis großer Männer
Polyp	(aus der Gaunersprache) Polizist
Protze	Vorderwagen an Geschützen
Racine, Jean Baptiste	bedeutender französischer Tragödiendichter (1639–1699)
Rondenweg	Rundgang für die Streifenwache
Rotwelsch	Gaunersprache
Jean Jacques Rousseau	(1712–1778) Vorkämpfer der bürgerlichen französischen Revolution. Rousseau ließ, da er in unglücklichen Familienverhältnissen lebte, seine Kinder im Findelhaus erziehen. Er wollte sie damit nicht lieblos „aussetzen", sondern ihnen eine halbwegs gute Erziehung sichern
Rue	(franz.) Straße
Saint-Lazare	Frauengefängnis in Paris
Terzerol	veraltete Bezeichnung für eine kleine Pistole
Themis	in der griechischen Sage Göttin der Sitte und Ordnung und der Gerechtigkeit
Trikolore	von lat. tricolor = dreifarbig; die blau-weiß-rote französische Nationalflagge (seit 1792)
Tuilerien	ehemaliges Königsschloß in Paris. 1871 brannte es fast vollständig nieder
verpuppen	(aus der Gaunersprache) verstellen, verkleiden
Voltaire	(1694–1778) bedeutender französischer Denker und Schriftsteller. Übte scharfe Kritik an der reaktionären Feudalordnung seiner Zeit und bekämpfte die katholische Kirche, die jegliche fortschrittlichen Ideen fanatisch verfolgte
Waterloo	das französische Heer unter Napoleon I. wurde von den Engländern und Preußen bei Waterloo entscheidend geschlagen (18. Juni 1815)

Abkürzungen:

franz. = französisch
tschech. = tschechisch
lat. = lateinisch

Bewaffnete Pariser Arbeiter